文化吉林

東豐縣卷

下冊

弘揚長白山文化　打響吉林特色地域文化品牌

主編寄語

第一章 · 文化發展概述

第二章 · 文化事件

034　走出域外的東豐縣第八電影放映隊

036　東豐農民畫在中國美術館舉辦展覽

038　東豐舉辦建縣百年慶祝活動

042　《豐城新貌》郵資明信片全國發行

044　東豐農民畫在法國展出

046　東豐農民畫家劉丹等入駐上海農民畫村

048　鹿鄉民間藝術在中國（長春）民博會上成亮麗風景

053　東豐農民畫在省博物院展出

056　上海世博園綻放黑土地芬芳

059　中國農民畫藝術節

062　東豐農民畫實踐課獲吉尼斯紀錄

064　省政協調研組就東豐農民畫產業發展進行調研

066　李俊傑夫婦赴瑞士參加中瑞農民畫展

069　耿瑩為「東豐農民畫創業產業基地」授牌

071　黑土地上的「畢加索」走進民族文化宮

075　海峽兩岸春節民俗廟會上展出「關東風情」

078　第一屆「慧鑫勝泰杯」農民畫大獎賽頒獎典禮

081　東豐農民畫首赴聯合國展出

086　李俊敏剪紙作品赴韓國展出

090　東豐縣隆重紀念人工養鹿二百週年

093　遼源‧東豐舉辦鹿鄉文化藝術節

097　東豐舉辦首屆仲夏梅花鹿文化節

100　電影《鄉長丁滿貴》在東豐縣全景拍攝

102　電影《七彩田野》在東豐縣封鏡

　　　　——中國非物質文化遺產東豐農民畫首次亮相銀幕

104　吉林省「二人轉總動員」張豔春登上「夢想舞台」

106　民間二人轉演員衝刺央視「鄉村大世界」

109　東豐縣藝術團參加省第六屆藝術節獲多項殊榮

111　東豐縣召開「文化名人」命名表彰大會

113　東豐縣被授予省級「中華詩詞之鄉」稱號

116　東豐縣確定縣花、縣樹、縣歌和「東豐精神」

121　東豐縣形象徽章徵集設計及發行

第三章‧文化名人

124　鹿鄉書法泰斗——賈恩國

125　中國傑出人民藝術家——徐仁智

127　評劇名角——楊雲

128　雙手梅花篆字威震關東舞台——九雲童

129　名師出高徒——秋虹雲

130　東北老怪——王秉正

132　年畫大師——楊樹有

133　書畫雙傑——王秉典

134　無悔人生——李惠讓

135 東北戲劇一代名角——袁鳴鳳

136 千詩萬聯留後人——孫慶華

139 不為名利留丹青——呂士榮

140 半生心血鑄楹聯——劉玉文

141 詩書人生——高永石

142 翰墨夕陽紅——潘傑

144 讓鹿鄉故事更精彩——吳強稼

146 夢裡飄進飛天仙女——王恩富

149 多才多藝寫人生——王景興

151 「全國十大農民畫家」之首——李俊敏

154 巾幗不讓鬚眉——賈慧卿

155 東豐農民畫創始人——李俊傑

159 水墨丹青繪人生——王忠禮

160 「土野奇才」——耿長海

163 舞台人生四十載——黎明

166 歡笑永留觀眾心中——王文濤

168 鹿鄉山水秀神州——朱殿舉

171 飽蘸墨香盡風流——高寶玉

172 讓美在瞬間定格——吳連江

174 讓觀眾進入戲的角色——郭中束

176 黑土地上的「畢加索」——劉振啟

179 小城故事家——劉豐年

180 墨香飄進千家萬戶——周傳波

183 紮根山鄉三十載畫出精彩人生——李子軍

186 讓美妙音符在指尖上流淌——田士權

189 紅梅花兒開——符豔華

191 嗩吶震天響——楊占德

194 精彩藝術人生——丁輝

197 紮根黑土地的知名作家——王玉君

199 梨園新豔——梁新豔

202 一枝紅杏綻凝香——李曉華

205 黑土地上的農民畫家——趙廣賢

207 濃墨重彩寫華章——暴俊東

210 彩筆繪出幸福生活——張玉豔

212 得到黃冑賞識的著名農民畫家——姚鳳林

215 人到中年——陳奉軍

216 一朵耀眼的花——金花

219 「兩棲」畫家——呂延春

221 她從田野中走來——隋鳳琴

223 中國藏頭詩第一人——賀棟

224 國家一級農民畫師——劉丹

229 才藝雙馨美青春——曹敏

232 職業畫家——馮啟奎

234 中國農民書畫研究會理事——郭榮梅

第四章・文化景址

246 盛京圍場文化遺址

253 寒蔥頂子山

256 小五台山

260 秫秸垛頂子山

262 代代詩人詠八景

279 南照山革命烈士陵園

282 南照山鹿文化主題公園

287 扎蘭芬圍民俗文化園

295 劉丹農民畫培訓學校

298 解方將軍紀念館

301 東豐‧中國農民畫館

第五章‧文化產品

309 馬記鹿茸

314 東豐農民畫

324 東豐縣葫蘆畫

326 東豐縣民間剪紙

332 東豐縣年畫

334 根雕

336 布貼畫

338 書法

344 國畫、油畫

347 微雕

348 木刻

350 東豐「三絕」

353 漫畫

356 攝影、攝像

361 魔術

362 民間嗩吶

364 民間太平鼓

365 民間地方戲

367 評劇

第六章・文化風俗

373 高姓感恩祭祖

375 張姓傳世祖訓

378 宗族字輩起名

382 端午節登山習俗

386 六月六吃玻璃葉餅

390 東豐《福祿壽祥圖》的來歷

392 東豐地名由來

396 四月十八逛廟會

399 養鹿官的由來

403 鹿趟

405 脂粉地

406 笑題「萬壽堂」

第四章

——

文化景址

　　昔日皇家圍場，今朝神州鹿苑，境內「五山一水四分田」，森林覆蓋率達百
分之五十，四季氣候分明，獨具特色景觀。寒蔥頂子山、小五台山、秫秸垛頂
子山、扎蘭芬圍民俗文化園、江城森林植物園、解方將軍紀念館、東豐——中
國農民畫館、南照山鹿文化主題公園等文化景址，在省內外都小有名氣。大多
景點，被省市列為旅遊景點，編入旅遊線路。其中，僅東豐農民畫館年接待參
觀、學習、考察的人數就達十萬多人。

盛京圍場文化遺址

　　東豐縣養鹿歷史悠久，鹿文化底蘊深厚。據《辭海》記載：「東豐以產鹿茸著稱，有全國較早的養鹿場。」

　　《清朝文獻通考》記：東豐縣「明為海西衛葉赫、哈達、輝發三部地，……天命年間設盛京圍場，協領守之」。據地方史料記載，後金天命四年（西元 1619 年），愛新覺羅·努爾哈赤一統海西、建州等地，馭王者之威，巡獵至此。罕王深為梅花鹿之神駿所傾倒，慨嘆此間地寶物華，蓋世無倫。太祖建都盛京（今瀋陽），遂將此地闢為「盛京圍場」，以供王族狩獵，「擇地講武，備訓卒徒之用」。光緒初年，養鹿業規模初成，光緒帝易名之「盛京圍場」，欽敕「皇家鹿苑」，並御封獵戶趙允吉為鹿韃官，協領境內鹿業。至此，皇家鹿苑聲名顯赫，榮耀海內。隨之，鹿業騰達，商賈雲集，人文始得發蒙，世故為之鼎新。

▲ 康熙東巡圖（北京故宮博物院藏）

　　清朝共設有五處圍場，即今北京郊區的南苑圍場、河北省承德地區的木蘭圍場，東北地區的盛京圍場、吉林圍場和黑龍江圍場。其中，盛京圍場亦稱奉天圍場，是清政府在東北劃設的圍場之一。盛京圍場的範圍相當於今吉林省輝南縣、梅河口市、東豐縣、東遼縣和遼寧省的西豐縣等市縣境內。盛京圍場就其內部水系流向而言，可分為東流水圍場和西流水圍場，據《西安縣志略》記載：「東流水指

▲ 古老的皇家圍場

輝發諸水東入松花江者言之,西流水指葉赫諸水入遼河者言之。其界在西安、東平間,鋼叉嶺一帶。」即以鋼叉嶺(今薩哈亮嶺)為界,向東流入松花江的輝發諸河流域稱之為東流水圍場,亦俗稱東流圍;向西流入遼河的諸水流域稱之為西流水圍場,亦俗稱西流圍。盛京圍場以其圍獵方式和用途為依據,被劃分為五種共一百〇五圍,分別是:御圍十一圍、王多羅束圍十一圍、鮮圍十四圍、鴬遠圍六圍和歷年應捕圍六十三圍。

　　東豐縣境內共有二十二個圍,是盛京圍場的重要組成部分,清末「養鹿官山」設於此地,被譽為清代「皇家鹿苑」。即東豐縣梅河以南地區主要有清代盛京圍場御圍三處,牙啟圍(橫道河鎮西北部)、年木州圍(橫道河鎮西南部)、巴彥圍(原和平鎮西部);歷年應捕圍及鴬遠圍五處,巴揚河圍(原和平鎮東部)、伏力哈色欽圍(小四平鎮境內)、阿木巴伏力哈圍(大陽鎮境內)、阿及個(阿幾格)伏力哈圍(原影壁山鄉境內)、黑嘴子圍(橫道河鎮

東部）。東豐縣梅河以南區域僅有原和平、影壁山、一面山與橫道河、大陽、小四平六個鄉鎮，約占縣境總面積的四分之一，東豐縣二十二處圍場，梅河以南有八處，而且御圍就有三處，占據整個東豐縣御圍的一半。梅河至樺樹河間為溫涼半濕潤區，由南至北，從楊木林鎮到原永合鄉，以及縣境西北的那丹伯鎮，共十四個鄉鎮，所占面積超過全縣總面積一半。這一地區共有十一處圍場，三處御圍，即舍力圍（三合鄉南部）、山彥樓合圍（原紅石鄉附近）、查力巴圍（小柳河流域）；二處王多羅束圍，即依拉氣勒克圍（原仁合鄉）、齋勒克圍（原永合鄉）；六處歷年應捕圍，即古瓦什鮮額夫勒圍（原五道崗鄉）、阿藍（蘭）巴克欽圍（猴石鎮）、都林巴伏力哈圍（楊木林鎮）、阿藍（蘭）伯野圍（大興鎮）、阿木（布）巴（達）拉洪闊圍（東豐鎮）、阿藍（蘭）年木善圍（二龍山鄉）。東豐縣樺樹河以北為冷涼半濕潤區，僅有中育（原）、黃河、沙河鎮、那丹伯四個鄉鎮，其中有一處王多羅束圍，即阿木巴勒克圍（那丹伯鎮）；二處歷年應捕圍，即阿蘭朱卜啟圍（沙河鎮附近）、阿蘭阿拉本圍（黃河鎮一帶）。

▲ 乾隆帝狩獵圖

北

东丰县清代22围分布图

那丹伯镇
阿木巴勒克围

阿兰朱卜启围
沙河镇

中育
阿兰阿拉本围
黄泥河

二龙山
年木围
泉合
斋勒克围（王多罗东围）

天兴
阿兰伯野围
仁合
阿布达拉
洪阔围
依拉气勒克围
（王多罗东围）（御围）
东丰镇

阿兰巴克钦围
拉拉河
多力巴围
（御围）
三合
舍力围（御围）

都林巴伏力哈围
杨木林
红石
山彦倭合围（御围）
南屯星
古瓦什鲜额夫勒围

小四平
伏力哈色钦围
阿木巴
伏力哈围
五道岗
大阳镇
影壁山

牙启围（御围）
一面山
阿几格伏力哈围
（王多罗东围）

横道河
年木洲围（御围）
黑嘴子围

和平镇
巴扬河围
（窝远围）
巴彦围（御围）

▲ 夕陽下的皇家圍場

　　根據圍場的特點、地理位置和具體用途不同，圍場分為：「御圍地」，供皇帝巡視盛京行圍用；「王多羅素圍地」，供盛京內務府歲貢用；「鮮圍地」，供捕鹿羔和製造鹿肉乾等貢品用；「歷年應捕圍地」，供八旗官兵演練騎射用；「窵遠圍地」，都是偏遠地方，不適於行圍之地。東豐縣境內的二十二個圍場，由四個「邊台」分管，其中御圍六個、王多羅束圍五個、鮮圍與歷年應捕圍十個、窵遠圍一個。

　　圍場設立之初，每年都要向朝廷進貢很多獵物，其中以梅花鹿為主要貢品。據《盛京典制考備》中記載：盛京圍場「每兩年一次捕鹿羔六十隻，每年進貢都有皇帝硃批數列。以鹿計，有乾鮮鹿肉、鹿舌、鹿尾、鹿肚、鹿筋、鹿肺、鹿肝等十幾種之多」。

　　光緒三年（西元 1877 年），慈禧太后的妹妹婉貞帶領一批人馬來東豐（當時叫大肚川）圍場遊獵。返京時，各種車輛裝滿了珍禽異獸和各類山珍。回京後，在拜見慈禧太后時，將東豐風景如何秀麗、梅花鹿如何多等繪聲繪色地講了一遍。這引起了慈禧太后的興趣，她命恭親王奕訢親自到東豐勘查入圍流民

狩獵梅花鹿的情況。奕訢在東豐勘查時發現，從河南、河北、山東、熱河等省「闖關東」的人相當多了，許多地方已經墾荒為田，出現了阡陌縱橫、地壘相接的景象。奕 回京後，向慈禧太后建議，在東豐縣境內，將比較有影響的四十八家「鹿趟」組織起來，由官府協助捕鹿為朝廷進貢。慈禧太后聽後認為有道理，便命人將四十八家「鹿趟」戶主召集到伏力哈色欽（今小四平鎮），宣讀懿旨，進行冊封。獵戶史慶雲因狩獵經驗豐富，威望較高，被封為「鹿趟」總頭。從光緒四年（西元 1878 年）起，這四十八家「鹿趟」就正式接受了為清廷捕鹿、貢鹿的任務。

年復一年地捕鹿、貢鹿，到了光緒二十一年（西元 1895 年）的時候，一些獵戶感到，年年捕鹿，鹿越來越少，如此下去，就很難應付皇差了。怎麼辦？他們從捕來懷孕的母鹿在圈養過程中生下小鹿這件事上受到啟發，心想，可否把捕來的梅花鹿圈養起來，進行繁殖，那樣不就解決鹿源的問題了嗎？可是圈養鹿，必須派人進京，面見慈禧太后，請求建一座鹿苑。

光緒二十二年（西元 1896 年），朝廷將東北的吉林、寧安、牡丹江等地獵戶所捕到的活鹿以及四十八家「鹿趟」的鹿，都集中到伏力哈色欽，由趙允吉圈養，總共六十多頭。

趙允吉建起了一座能容納一百多頭鹿的鹿圈，稱之為「腰鹿圈」，也叫第一鹿圈（在今古年水庫西邊），同時建起了家眷住宅和養鹿丁役宿舍。趙家門前東西兩側分別立著御賜的黑紅棒，對侵犯官山地者或盜竊鹿圈財物的人，可以打殺勿論。門上高懸木刻的虎頭牌，以示皇權。

由於鹿苑繁殖的鹿越來越多，鹿轄官趙允吉於光緒二十四年（西元 1898 年）在今小四平鎮街裡又建起了可養鹿三四百頭的

▲ 夜幕裡的野生梅花鹿

第二鹿圈，並重建家宅。這次趙允吉從外地請來了能工巧匠，精心施工，建起了青磚黑瓦的住宅。住宅分東西兩個四合大院。東院北側有正房七間，東西廂房各九間，南趟臨街房八間，中間是大門洞，四周有圍牆，全是磚瓦結構。這是趙允吉和少當家的——長子趙振山及家眷的住宅。圍牆大門前的左右兩側有上馬石、下馬石，門旁豎立御賜黑紅棒，房門洞的門楣上高懸虎頭牌。房門前有一座半尺多厚、一丈多寬、七尺多高的影壁牆，上面雕刻著奔騰跳躍栩栩如生的祥鹿圖。大門洞裡面有一座屏風。正房的客廳雕梁畫棟，陳設豪華。

　　光緒二十六年（西元 1900 年），二十九歲的趙振山開始代替父親押運貢鹿進京朝貢。宣統年間，皇家鹿苑繼續給皇宮貢鹿。宣統三年（西元 1911年），皇帝溥儀封趙振山為鹿轄官，賜黃馬褂一件、花翎帽一頂、紅背帶一條、龍頭枴杖一根，並由奉天省旗務司撥銀一千六百九十兩，作為擴大皇家鹿苑養鹿的費用。當年，皇家鹿苑進貢的梅花鹿有的送往京西「萬牲園」（今北京動物園）飼養，有的放進皇宮御花園的「鹿苑」，供皇帝和嬪妃們觀賞。

　　鹿轄官趙振山回到家鄉後，跑馬占地，很快就擁有良田、山林四萬餘畝，飼養梅花鹿五百多頭。

　　民國元年（西元 1912 年），政府派官員到皇家鹿苑勘查養鹿官山地，讓老百姓出錢買地。趙振山與官府串通，用虛名報領的辦法，將養鹿官山地全部占為己有。從此，皇家鹿苑變成了趙家鹿場。之後，他招佃戶耕種和出租土地，錢越賺越多。民國八年（西元 1919 年），趙振山在鬧林子（今小四平鎮古年村 8 組）建成了第三鹿圈；民國二十一年（西元 1932 年），又在惠全（今遼寧省西豐縣營場鄉惠全村）建起了第四鹿圈，四個鹿圈養鹿最多時達到八百九十頭。從此，趙家鹿場興旺，進入了又一個黃金時期。

　　一九四七年，東豐縣誕生了第一家國營鹿場，第一個梅花鹿良種繁殖基地。

寒蔥頂子山

寒蔥頂子山是歷史上著名的皇家圍場所在地，曾是清代「盛京圍場」的中心區域，即阿蘭朱卜啟圍，素有「皇家鹿苑」之稱。清代的康熙、乾隆等多個皇帝，都曾到此巡遊、狩獵。清初時期，被敕封為「皇家鹿苑」「盛京圍場」。清代長期的封禁政策，使這裡的野生動植物得到了保護，動植物資源極為豐富，有紅松、雲杉等植物六百多種，狼、狍子、烏鷹等動物三百六十多種。這裡因盛產曾為清朝宮廷御用的寒蔥而得名。據史料記載：寒蔥，屬百合科多年生草本植物，耐寒且遇寒生長更旺盛，味辛辣如蔥而得名「寒蔥」，有止血、散淤、化痰、止痛的功效。寒蔥全身都能入藥，從藥用角度看比人蔘好。據當地老鄉介紹，清道光——同治年間，寒蔥頂子山上盛產的寒蔥被定為皇家貢品。

▲ 寒蔥頂子皇家狩獵場　馮啟奎作

據記載，寒蔥頂子山的真正命名是在清末宣統（西元 1908 年）年間。當時，此山山高林密，動物成群，被清廷命名為「盛京圍場」。官府打獵的人們在此山中發現一種多年生草本植物，其葉片近似楊樹葉形狀，長約十二釐米，寬約八釐米，四片至六片葉，有莖，中空，直徑約一釐米，外皮綠色較厚，表皮網狀褐色，開粉白色小花，多籽，株高五十釐米，莖葉有辣味兒，可食用，為上等佳菜。藥用，辛溫解表通竅。此植物在早春寒冷時便可生長，耐寒，故稱為「寒蔥」。由於該植物只生此山，故名為寒蔥頂山，沿用至今。

小寒蔥頂上特產的寒蔥曾是朝廷的貢品，寒蔥能治百病，為稀有植物。在

▲ 野生寒蔥

公園內的寒蔥擴繁區遊人可以沿遊人步道尋覓、觀賞寒蔥。據《吉林大百科全書》介紹，寒蔥屬百合科多年生草本植物，生長於東豐縣那丹伯鎮、沙河鎮境內，性耐寒且遇寒生長更茂盛，味辛辣如蔥，是東豐特產之一，可入藥，具有止血散瘀、化痰止痛的功效，清朝時是東豐向皇家進貢的必備品。

　　隨著人類活動和氣候的變化，寒蔥頂子山上的野生寒蔥十分稀有。為了保護這稀有的野生資源，經中國森林風景資源評價委員會審議和國家林業局審核，二〇〇四年三月，寒蔥頂國家森林公園項目建設獲得批准，這是遼源市開發旅遊項目的重大突破。寒蔥頂國家森林公園位於大小寒蔥頂周圍地域，地處長白山脈哈達嶺南部，有豐厚的歷史文化淵源。公園內地貌為低山丘陵區，山脈縱橫起伏重疊，構成較為複雜的山巒峽谷台地。全區山脈中上部較為陡險，

▲ 晚霞下的寒蔥頂子山

下部較為平緩。最高峰為小寒蔥頂子，海拔六百二十米，其餘山峰四百至六百米。園內由原始天然次生林和部分人工林構成，在原有針闊混交林和闊葉林的基礎上，又配植少量高大的紅松、冷杉等樹種，形成針闊混交林景觀。並在條件較乾旱的地段和坡麓地帶，分別片植或叢植了杜鵑、丁香、薔薇、忍冬等花灌木，形成繁華錦簇的景觀效果。

寒蔥頂國家森林公園內有景區十個，有景點二十個。公園建設擬投資三億元，分別建設古宗教文化區、綜合娛樂區和生活服務區三個區域，包括滿族風俗園、大小動物觀賞狩獵區、滑雪場、高爾夫球練習場和康熙祝壽山莊等十餘個景區。文化古蹟及宗教（道教）寺觀區包括啟運門、山神廟、道觀、民俗館、啟運頂觀光塔、寒蔥寺和清代影視城等；綜合遊樂區包括大眾高爾夫練習場、滑雪場（包括八百八十米滑雪道二條和大眾滑雪練習場，高速索道等）、游泳場、古裝射箭場、賽馬場、古戰場模擬戰陣、百鳥林、孔雀谷、鴛鴦湖和遊船俱樂部等；接待服務區包括三星級賓館、度假別墅、祝壽山莊等；野生動物繁育中心及狩獵場包括野生梅花鹿五萬頭繁育中心、小型野生動物繁育中心、御馬苑圈舍、野生動物放養狩獵區等；森林、濕地、農田觀光及特種植物繁育區包括原始森林景區、森林氧吧休閒區、瀑布濕地景區、農業廣場、果園、溫室經濟園、鄉間小憩休閒區等。寒蔥是公園景區內獨有的珍稀植物，有寶貴的藥用價值和歷史內涵，加大寒蔥的保護開發力度，採用先進的生物科技無性繁育辦法，擴大寒蔥栽種面積，綜合開發這個物種的藥用和食用價值。利用景區內地域廣闊的優勢，發展東北特有的人蔘培植、苗木培植、特種蔬菜培植、特種瓜果培植，進行多元立體開發。寒蔥頂國家森林公園所在地有著豐厚的歷史文化內涵，為了充分開發梅花鹿資源，打造以自然風光和清朝歷史文化為主要內容的主題公園，公園把保護生態環境和旅遊項目佈置在連續的區域內，每個功能區既能反映功能特色，又能與公園的主題融合於一體，滿足人們對不同景觀的認識和需求，體現出生態環境建設與文化旅遊項目開發並重的地位和作用。

小五台山

　　清代在此地設置牙啟圍和年木州圍兩個圍場，在東豐縣橫道河境內，有五座山峰，海拔七百八十米，從東向西，由高而低，巍峨陡峭，一併相連，成台階形狀，故稱「小五台山」。每當春風到來時，山上一片清綠，蒼翠欲滴，楊樹、柞樹、紅松、黑松、樟子松、落葉松……獨具風采，各顯英姿，美不勝收。遠處眺望，逶迤連綿的黛色山巒，懷抱著一泓雨湖碧水，猶如美麗童話中的天工寶鏡，在陽光下放出熠熠的藍光。

　　既然是昔日的皇家圍場，就有許多美麗動人的傳說。

　　相傳很久以前，在一個偏僻的山溝裡，住著一戶姓朴的朝鮮族人家，家中有老兩口和十九歲的姑娘朴月花。

　　一年春天，朴月花上山刨完「和尚頭」（一種中藥材）回家途中，三隻惡

▲ 迷人的小五臺山冬景

狼向姑娘撲來，忽聽「嗖、嗖、嗖」三聲箭響，三隻惡狼應聲倒地。隨後，一個年輕獵人騎著一匹大紅馬來到姑娘跟前。獵人從馬背上下來，幫助姑娘把丟散的「和尚頭」揀回，送她回家。快到姑娘家門前時，獵人說：「我回去了。」姑娘問獵人住在什麼地方，獵人指向南山密林深處一座小「馬架」，什麼也沒說，騎馬走了。

此後，姑娘挖藥，小夥子打獵，兩人經常遇到一起，這對不同民族的青年產生了愛慕之情。後來，姑娘把心事告訴了父母。老兩口答應了這門親事，並且商定中秋節結婚。

可是，這件事兒很快傳到十里以外的寨主「金大胖子」耳朵裡。他原先就想把月花姑娘弄到手，但一直沒有機會。「金大胖子」聽說月花要嫁給漢族獵手，便打起了壞主意：「搶親」。

轉眼間中秋節到了。小夥子第二天就要結婚了，打獵回來，把屋內打掃得乾乾淨淨，收拾好新打來的一對野雞，準備結婚時吃。過了一會兒，他突然聽到院內大紅馬一陣驚叫。小夥子手端扎槍奔出門外，看到三個人站在那裡，問道：「你們是什麼人？」一個矮胖子說：「我是高麗城寨主金英魁，你要娶朴月花，真是大膽。」話音未落，另兩人向小夥子打來。幾個回合後，那兩個人被小夥子打退。草堆裡又竄出三個人向小夥子撲來，也被打退。接著又上來六七個人，又被打退。金胖子看到車輪戰術不頂用，就吆喝眾人一齊上，想以多取勝。小夥子開始還占上風，時間一長，難以支撐。他猛然想起師父傳授的絕招——仰臥鎮妖

▲ 山下文化長廊

▲ 文化氛圍濃厚的山下公園

法，可是師父曾經囑咐不到萬不得已，不能使用，但又一想，如不懲罰這群歹徒，月花就要慘遭不幸。於是，小夥子橫下心，使出「絕招」。

他全身運氣，霎時間手指、胳膊、腿、全身都變粗，身體增大數十倍，成為頂天立地的巨人。小夥子仰天長嘯，接著一聲巨響，金大胖子和他的三十多個狗腿子，全被壓在小夥子身下變成肉泥。

當晚，朴月花在家只覺心神不安，走出大門，見獵人的大紅馬奔來，馬用嘴巴

▲ 小五臺山頂風光

▲ 山下標誌性雕塑

輕輕地摩擦姑娘的手背。姑娘預感出事了，立刻翻身上馬，直奔獵人住處。到那裡一看，馬架和人都不見了。天亮後，姑娘發現這座山比以前高了。她疾步登上去，看見她前天用綠色絲綢給獵人縫製的五個紐襻，竟成了五個大山包。姑娘頓時明白了：心上人已經變成了這座大山。姑娘的臉貼著第二個「紐襻」，邊哭邊說：「哥哥，我活著不能與你成親，死也不分離。」說完，向大山拜了三拜，縱身向山下跳去。山下突然出現一條大河，河水沿著三個山包拐了三道彎，順著山脈的走向，向東流去。

　　五個山峰，一脈相承，西高東低，形成五個台階。後來，人們叫它「小五台山」，山下河水不是順流直下，而是相隔不遠的地方拐個彎，河水放道，人們就叫它「橫道河」。至今，人們常常講起這一對朝、漢異族青年活著相愛，死後相依的故事。

秫秸垛頂子山

　　小四平鎮東部與橫道河鎮交界處的秫秸垛頂子山，又名大頂山，位於小四平鎮一面山村、福新村、永勝村境內，海拔八百六十四米，占地一千二百多畝。大頂山自然風光秀麗，山高水清，怪石嶙峋，天然林與人工林交錯分布，森林莽莽、古木參天，生長著大量的以蒙古櫟為主的天然次生林，伴生著水曲柳、黃菠蘿、核桃楸、椴樹等十幾種天然闊葉樹，已形成了以自然闊葉林為主，以人工針葉林為輔的、良好的森林生態環境系統。野生動植物資源極為豐富，林下生長著大量的頗有價值的胡枝子、山葡萄、桔梗等野生植物達八十七科六百〇七種，生存著雉雞、黃鸝、禿鷲、綠頭鴨等鳥類十五目三十七科一百五十六種，狍子、梅花鹿、狼、野兔等獸類十多種，中華蟾蜍、中國林蛙、棕黑錦蛇等兩棲和爬行類動物數不勝數。野生藥材達一百〇七種，可食用菌類三

▲ 秫秸垛頂子山

▲ 秃秸垛頂子山風光

十七種，山野菜三十多種。主峰秃稈垛頂周圍有點將台、鷹嘴岩、公主墳、天外飛來石等四大自然景觀。該區域冬季積雪期較長，有五個多月，積雪厚度在〇點五至一點五米左右，雪質鬆散、厚重，是冬季滑雪，夏季娛樂休閒的理想場所。

▌代代詩人詠八景

　　古往今來，代代詩人常以吟詠所居地域心目中的最美好最典型的八處景觀，作為抒發個人熱愛家鄉、摯愛自然情懷的最佳選擇。大江東去，斗轉星移，不同歷史時期人尚在物已非，幻變出無休止的新境界，生化成無窮盡的新八景。這裡選取的僅是自東豐縣建縣以來有代表性的三位詩人的三組八景詩。但在詩人眼裡，東豐八景各不相同。

　　杜變銓，前清附生，詩人。他讚美的東豐八景是：

龍山紅葉：指青龍山，今東豐縣糧庫東山。

熊崗斜陽：熊崗，東豐鎮境內黑瞎崗。

沙河晚渡：沙河，東豐縣大沙河。

石廠晴煙：石場，東豐縣東豐鎮苗勝村境內的石場。

西崖積雪：西崖，東豐縣教師進修學校西邊的石崖山。

南圃方亭：南圃，南照山。

柳灣垂釣：柳灣，東豐縣城南大河。

水月鳴鐘：水月，現東豐縣鐵合金位置，過去建有水月宮。

龍山紅葉

誰灑霜華染碧從，楓林隔夜盡成紅。

摧殘碧草迷秋雨，斷送白雲悵晚風。

鳥道晴暉山上下，人家煙火澗西東。

青龍高臥臨溪水，一任漁樵醉此中。

▲ 龍山紅葉

熊崗斜陽

山勢嶙峋愛晚晴，夕陽斜對影空明。

環林紅葉偏生色，出岫白雲別有情。

熊鹿當年高臥地，牛羊薄暮滿歸程。

依稀樵路迷秋草，猶送殘暉遠入城。

▲ 熊崗斜陽

▲ 沙河晚渡

沙河晚渡

換成一曲水迢迢，來往何人架板橋。

兩岸楊柳留夕照，半灘紅蓼漲秋潮。

臨流失影鷗翻浪，競渡聲喧客扣橈。

唯有魚郎偏喜靜，晚歸醉月待中宵。

石廠晴煙

石廠原非近市廛，偏於晴日愛生煙。

凸凹蟠磴疑無路，濃淡攙雲別有天。

雨後晴光明峭壁，風中幻影罩平田。

每當薄暮人歸去，猶襯斜陽掛樹巔。

▲ 石廠晴煙

西崖積雪

繞郭西山半壁橫，浮光入望雪盈盈。

風前未許纖塵到，日下偏宜爽氣生。

晴映閒雲低失影，寒埋落葉靜無聲。

絕憐衰草迷荒塚，空對斜陽一片明。

▲ 西崖雪景

▲ 銀裝素裹南圃方亭

南圃方亭

留戀山崖更水涯，尋芳到處認春華。
亭園生色偏宜酒，風華多情半在花。
入畫煙霞林一角，成蹊桃李路三叉。
陰晴俱趁遊人意，杖履聲中興愈賒。

柳灣垂釣

石磯不厭碧苔侵，準備蓑衣坐綠茵。
楊柳夕陽雙岸曲，蘆花秋水半篙深。
垂綸欲醉消寒酒，倚樹間聞對語禽。
為愛溪陰無俗氣，旁觀似有羨魚心。

▲ 昔日詩人筆下的柳灣（今南大河）

水月鳴鐘

閒來北郭覓仙蹤，遠隔煙霞但聽鐘。

寂寞楓林紅葉落，蕭森桂院白雲封。

應霜不覺塵心靜，入夜偏驚客夢鏞。

月暗聲殘山水外，更聞野鶴唳孤松。

▲ 今日「水月鳴鐘」處夜景

孫慶華 東豐縣早期著名詩人，詩作多次獲全國大獎。他讚美的東豐縣八景詩是：

　　雲山曉霧：雲山，指橫道河鎮境內白雲頂。

　　仙堂古今：仙堂，指原狐仙堂。

　　照山朝霞：昭山，指南照山。

　　架山覽勝：架山，指大陽鎮境內大架山。

　　龍水輕舟：龍水，指橫道河鎮境內龍頭水庫。

　　豐城競秀：豐城，指東豐縣城。

　　城山古韻：城山，指橫道河鎮境內城子山遺址。

　　鹿鳴山莊：山莊，指三合鄉境內江城森林植物園。

雲山曉霧

霧鎖雲封兩界關，遊人攀頂費千般。

元明舊跡今存谷，唐宋陳基早占山。

李杜難書白嶺韻，王閻愁畫綠峰巔。

人言戴帽應靈雨，果不其然水漫天。

▲ 雲山曉霧

仙堂古今

頂上仙人哪代居，空餘祠殿古遺基。

東南西北飄無跡，春夏秋冬何有棲。

舊礎招徠雲外客，新堂廣建步天梯。

善男信女擁如海，小邑騰飛定有期。

照山朝霞

南屏峻嶺最堪巍，碧水光華照翠輝。

英烈碑銘應九仞，遊人蕭仰日千圍。

盈虹塞戶天涯客，逐閣擁樓海外輩。

猻館頻聞歡笑趣，豐城小邑正騰飛。

▲ 仙堂夜景

▲ 南照山晚霞

架山覽勝

春秋史蹟遍峰巔，秦漢群居久占山。

鐵冶耳鍋盛飯肴，泥燒樽盞供茶餐。

千年石斧堪磨礪，百轉鋼矛敢靖邊。

烽火狼煙搏往事，留將遺地壯華天。

▼ 今日架山腳下田園風光

▲ 龍水輕舟

龍水輕舟

人譽江南小鎮豐，畫帆揚處水波興。

垂竿立獲非洲鯉，撒網時搏歐亞鱅。

古剎龍騰游女靚，鐘鳴鳳舞躍男纓。

鼎煙繚繞凝霄漢，鑄就白雲綴碧宮。

▼ 豐城北區

豐城競秀

仰首層樓聳地天，棋譜長街准繪勘。
業館經營紅利潤，工商共建綠優先。
江河連鎖通他域，湖海生涯冠陌阡。
難得豐城歌秀媚，繁花爭向錦圖添。

城山古韻

四里方城兩仞高，角樓五座鎮山濤。
東西鎖鑰驅轅撝，南北洞開布將驍。
大戟長槍無覓處，小矛短劍幾時拋。
遼金戰火猶經目，史蹟千年話萬朝。

▲ 大戟長槍顯威風

▲ 昔日鹿鳴山莊，今日江城公園

鹿鳴山莊

誰道桃園錦色天，鹿鳴幽谷更嬌妍。

遮陽古樹蒼龍勁，避雨新亭愧魯班。

樹閣樓台邀靓女，芳舟水殿賽瀟男。

仙山綠圃聲名遠，垂釣湖潭立品鮮。

　　鞠光華，當代著名女詩人，吉林省詩詞學會會員。她讚美的東豐八景詩則全都是南照山八景。

牌樓迎賓

南山門戶綵牌樓，畫棟雕梁古韻求。

仰望豐碑松柏繞，俯觀碧水艇舟流。

賓來客往朝朝盛，斗轉星移歲月稠。

不怕霜寒光浴屬，笑口常開待汝游。

▲ 南照山遠眺

亭榭鳥語

春光明媚紙鳶騰，燕舞鶯歌河水澄。

日暖風和尋勝境，山深林密隱幽亭。

青枝蔭蔽狂人詠，黃葉絲氈野雉鳴。

坐看浮雲聽鳥語，人間天上喜相逢。

松蔭棧道

松蔭棧道瑞彩隨，幽雅園林景色瑰。

雲繞輕嵐花掩映，風搖嫩葉鳥奔飛。

東臨童苑階梯固，北帶層巒圓場圍。

健步欣觀仙子地，吳剛伴我不思歸。

▲ 松蔭棧道

蜿徑方亭

飛簷斗栱畫亭方，細刻精雕工藝良。

破曉登臨迎旭日，黃昏圍坐話家常。

騷人墨客尋佳句，才子佳人效鳳凰。

鳥語松蔭優雅境，流連忘返戀仙鄉。

月下南郊

一鈎新月映碧空，陣陣微風愜意濃。

商販路邊迎顧客，霓虹橋上走游龍。

東園噴水樂聲響，西苑秧歌彩扇擎。

傍晚悠閒郊外聚，八仙一覽現真容。

▲ 白雪映牌樓

▲ 亭榭冬景

▲ 今日蓮河夜景

繞盈臥龍

照山廣場拱橋通，宛若長龍懸半空。
南岸亭閣晴映日，北堤垂柳雨逐風。
天明廊柱金光閃，夜晚燈橋虹彩明。
流水歡歌足下淌，飛蛟臥雪育春盈。

噴泉送爽

傍晚乘涼廣場喧，燈光樂曲伴噴泉。
中央水柱騰龍舞，四周清流綵鳳旋。
飛瀑垂虹珠玉碎，銀濤瀰散浪花翻。
兒童嬉戲池中趣，夜色朦朧尚未還。

蓮河夜景

秋水微瀾映夜空，滿天星斗落河中。
南坡綠樹瑩光閃，北岸綵燈白晝明。
賓館新樓浮倒影，虹橋遊客賞晶宮。
徐風拂面精神爽，仙境徜徉亦履輕。

▲ 繞盈臥龍橋

▲ 燈光樂曲伴噴泉

南照山革命烈士陵園

東豐縣革命烈士陵園，一九九〇年經吉林省政府批准列為「吉林省重點烈士紀念建築物保護單位」；一九九五年，被遼源市委、市政府命名為「市級愛國主義教育基地」。

東豐縣革命烈士陵園坐落在南照山公園內，烈士塔距公園大門南約百米，再南百餘米是存放烈士骨灰的靈堂。

一九四七年，東豐解放，建立了人民政府。地方政府為紀念革命先烈，欲修建革命烈士陵園，但又受經濟條件的限制，便將南照山偽「忠靈堂」三字塗掉，改為革命烈士塔。又在塔址附近修建了革命烈士陵墓，安葬烈士遺骨。

▲ 烈士紀念碑

▲ 武警戰士祭掃烈士墓

▲ 學生參加紀念活動

一九七四年九月二十五日，在原塔址上，修建革命烈士塔。全鎮的工人、學生、幹部、新中國成立軍戰士參加了義務勞動，至十月十日竣工。陵園內建塔一座，革命烈士骨灰存放廳一處。

該園占地面積一點五萬平方米，建築面積七百五十六平方米。陵園內建有革命烈士紀念碑、革命公墓、烈士靈堂、四大偉人紀念館、雷鋒紀念館等五處紀念建築場館和一處辦公接待樓。

從陵園北大門步入園內，首先映入眼簾的是屹立在陵園中心高大雄偉的人民英雄紀念碑。該碑占地二百二十五平方米，碑高十六米，碑的頂端鑲嵌有鮮紅的五角星，碑身南北兩側雕刻毛澤東題詞「人民英雄永垂不朽」八個醒目的大字。碑身下端南北兩側修有水泥台階，四周建有兩層石柱欄杆，紀念碑周圍松柏常青，象徵著革命烈士的忠魂永垂不朽。

紀念碑前方為紀念廣場。東西兩側建有仿古式紀念館。「四大偉人」紀念

▲ 各界群眾冒雨祭掃烈士陵園

▲ 南照山烈士靈堂

館內展示著老一輩無產階級革命家毛澤東、周恩來、劉少奇、朱德在中國革命和社會主義建設時期的事蹟圖片;「雷鋒紀念館」內展示著雷鋒同志的生平圖片。

烈士紀念碑南行八十米處的東西兩側建有烈士靈堂和革命公墓。「烈士靈堂」內擺放著二十三位革命烈士的骨灰盒,兩邊陳列著八百五十三名東豐縣革命烈士英名錄。「革命公墓」裡擺放著東豐籍革命老前輩解方將軍、老紅軍紀昌、抗日遊擊支隊司令孫然、抗日女戰士段毓表的骨灰盒以及生平事蹟和圖片。

烈士陵園最南端建有二百四十平方米的辦公接待樓,隨時接待來園瞻仰緬懷革命先烈英雄事蹟,進行革命傳統和愛國主義教育的社會各界群眾。

如今的東豐烈士陵園林木蔥蘢、花卉芬芳、環境清幽,是人們緬懷革命英烈,啟迪青少年從小樹立建設國家、保衛國家、熱愛國家理想志向的有效載體,在全縣精神文明建設和愛國主義教育中發揮著重要的作用。

南照山鹿文化主題公園

　　南照山鹿文化主題公園位於東豐縣城南部，山前有一條沙河，曲曲彎彎，順水東流，匯入梅河。河上原有一石拱橋，如一彩虹，飛架兩岸，正對南照山公園門前。步登拱橋，拾級而上，公園前門兩柱墨書一聯：「為有犧牲多壯志，敢教日月換新天。」山上樹木蔥鬱，綠蔭掩映，令人心爽。

　　南照山，東西長十五公里，南北寬十公里，方圓一百五十公里。山嵐起伏，景色壯美，蒼松翠柏，植被茂密。

　　南照山生態條件優越，森林由自然林和人工林共同構成，森林覆蓋率達百分之九十五以上，可謂是天然的森林氧吧，是東豐縣市民日常休閒健身的絕佳場所。

▲ 鹿文化主題公園木棧道

　　南照山內現有兒童樂園、猴山、烈士陵園、南照山水庫、燒烤城、電視塔、山中亭、瞪眼嶺、狐仙堂、狐仙洞、望天嶺、山中鹿苑、六道溝、礦泉、興隆溝水庫、釣魚點、軍用飛機場等。

　　南照山鹿文化主題公園始建於一九一七年。當時，只是在山上種植花草樹木，沒有定名。修建了一亭一閣，供遊人用。亭曰「挹爽亭」，閣曰「東華峰」。築有一彎短牆，牆中辟有月亮門，門兩側有對聯：「門

▲ 公園內波光漣漪的大沙河

小可容月，山高不礙天。」當時，遊人甚多。

此園當時已初具規模，只是河上無橋，往來遊人只靠一條鐵索棧道，戰戰兢兢往來兩岸。

至一九二三年，由於無專人侍弄園內花草，無資金維修亭閣、短牆。所以，園內亭閣頹廢，園地荒蕪，斷壁殘垣，滿目淒涼，極少人再踏青尋勝了。

一九三七年，在園內山上栽植落葉松林，現已成材，滿坡碧綠，林間小路曲曲彎彎，引人直達山頂，立於山頂眺望，東豐縣城景盡收眼底。

一九三八年，由當時的縣長徐維淮提議，於原「挹爽亭」外修八角亭一座，但其工程潦草粗陋，至新中國成立前八角亭已倒塌，現在，連其亭址也辨不出所在了。

十年浩劫後，百廢俱興，南照山也獲新生，修起了跨及兩岸的石拱橋，氣勢恢宏，造型美觀。還修建了三角樓一座，花窖一處，花窖內各色花草種類繁多，花團錦簇，有米蘭、扶桑、南竹，有鐵樹、丁香、紫羅蘭，還有名貴的君子蘭，百花爭豔，沁人心脾，花亭裡姹紫嫣紅，彩蝶翩翩，令遊人駐足，心曠神怡。

一九八五年，在園內又新建兒童樂園一處，每到節假日，孩子們在滑梯上、轉盤上嬉戲玩耍，笑聲在山間小徑上迴蕩。

每到節假日和春夏秋天的早

▲ 公園一角

上、傍晚，山上遊人如雲，摩肩接踵，各文藝團體演出精彩的文藝節目，東北大秧歌、廣場舞等盛況更是空前。

二〇一一年，南照山公園由北京大地風景旅遊規劃設計院規劃，定名為「南照山鹿文化主題公園」。規劃以東豐縣人工養鹿二百多年歷史所蘊含的鹿文化為主題，將南照山規劃為世界鹿博園、森林健康樂園，滿足東豐人民的休閒旅遊、文化生活、健身運動、青少年運動、宗教養生等深層次要求，結合全縣旅遊業、鹿產業、觀光農業的發展，打造一個最具特色的世界鹿鄉文化旅遊區，最具魅力的東豐城市森林公園、休閒樂園和特色文化產業園區。

▼ 鹿文化主題公園標誌

▲ 通往鹿文化主題公園的彩虹橋

以森林公園為背景，主要項目包括：

兩大標誌性景觀：形成百歲嶺得鹿台、仙人堂鹿壽宮和天下第一鹿等標誌性景觀，採用現代建築設計、光影技術，營造神奇多彩的日夜景觀和變幻光影，凸顯南照山文化氛圍和景觀效果。

一條鹿文化景觀道：從遠古時代、神話傳說到皇家鹿苑、生態鹿鄉，全方位展示豐富多彩的鹿文化。利用多級平台建設百鹿圖、世界鹿種廣場、物種保護廣場、中國鹿文化步道、神鹿嶺、皇家鹿苑傳奇等一系列特色景觀景點，打造一條「鹿文化」遊覽軸線。

一個鹿城度假地：為促進東豐鹿產業和藥業的發展，吸引大型製藥企業和品牌鹿產品產業進入，建設世界鹿鄉風情街、鹿產品中心、鹿文化養生基地、鹿藥產業總部、異域風情鹿文化莊園等，打造鹿文化主題養生度假區，成為遼源鹿產業與旅遊產業相結合的產業基地。配套發展旅遊地產。

一個世界鹿博園：分為東方、歐美、非洲鹿等展示區，以實體和雕塑、解說方式，展示世界各地有關鹿的種類、生態等知識。圈養籠養適合東北地區的部分鹿種和雜食性動物的小型動物園。

一個九色鹿樂園：鹿文化和兒童遊樂結合，融入九色鹿的神話故事，發展一批以鹿、兒童畫、農民畫為主題的遊樂設施，按中小學教育大綱要求，推出青少年生態科普教育，打造中國首個鹿文化遊樂項目。

一個農民畫產業園：打造農民畫村和千米農民畫長廊，作為東豐特色民俗文化體驗地，成為東豐農民畫乃至農村、農民、農業發展的展示窗口，形成東方文化產業亮點。

一個觀光農業基地：引入香花谷、鹿鄉畫韻農家樂、畫童農場耕植園、自駕車營地等特色觀光農業和戶外項目，營造大地美景，形成現代東豐觀光農業發展的一個窗口和亮點。

目前，已建成的有鹿文化觀光木棧道一條，全長兩萬多米。其他項目正在規劃和運作中，即將陸續開工建設。

扎蘭芬圍民俗文化園

　　扎蘭芬圍民俗文化園位於清代盛京圍場一百〇五圍中最大的圍「扎拉芬阿林圍」和著名的「扎拉芬阿林」內。據「盛京通志」記載：「滿語」「扎拉芬阿林」即是漢語「壽山」，亦是圍名，又是山名。這兒是大寒蔥頂子山，地處磐石、伊通、東豐和東遼四縣交界之處。古驛道交通要塞，兵家必爭之地。這裡曾經是葉赫那拉氏慈禧太后的始祖居住之地。據莊福林著《葉赫研究》一書介紹：「葉赫那拉氏的始祖是蒙古人星根達爾汗，原姓土默特，在五代的時候被到達此地的那拉部落招贅，改姓那拉氏。十六世紀他的後代祝孔革才移居現在的葉赫河畔，此地即是此城，也稱璋城，是葉赫那拉氏的發祥地。具體位置就在扎蘭芬阿林圍內，寒蔥嶺山下許家屯附近。」

　　扎蘭芬圍民俗文化園是集影視拍攝製作、民俗生態觀光旅遊以及數字影視科技孵化基地「三位一體」的綜合文化產業園區，突出了「盛京圍場、皇家鹿苑、關東文化、滿族風情」的特色。

　　項目以國務院《文化產業振興規劃》和《吉林省文化產業提速規劃》的實施為契機，充分發揮和利用吉林省及長白山特殊的地理地貌、豐富的自然旅遊資源，進一步挖掘關東和長白山地區厚重的歷史文化，從而建設成為集影視前期拍攝、後期製作、民俗文化展示、影視作品發行、影視衍生產品銷售及民俗生態觀光旅遊、數

▲ 扎蘭芬圍民俗文化園正門

▲ 影視拍攝外景

字影視科技孵化基地的綜合文化產業園區。力爭將園區打造成關東民俗文化、關東非物質文化遺產的珍藏地、聚集地、展示地，打造成中國最具影響力的影視文化產業品牌；打造成國家 AAAA 級旅遊景區；打造成國家文化產業示範基地；打造成國家動漫影視科技孵化基地。最終，成為中國民營文化企業上市公司。

項目建設，建築占地面積三點七公頃，規劃占地面積一百四十七公頃，建設期為二〇一一年十二月至二〇一四年十二月。主要建設內容包括關東古村落、關東古鎮、關東老城、皇家鹿苑、盛京圍場、民俗博物館、滿族風情街、演藝培訓學校、《雪域長白》大型情景詩畫演藝、攝影棚、影視劇後期製作中心（數字機房）、劇組接待中心（賓館兼張大帥府）等十三個功能區，形成年拍攝一百（部）集影視劇，年接待遊客二十萬人次的規模。建設總投資一一六

○六點六三萬元，平均年營業收入五三二○點四二萬元，利稅九百四十二萬元。項目建成後，按照文化旅遊產業帶動相關產業一比七比例計算，將拉動相關產業一千餘人就業，並對七大相關產業起到帶動作用。

▲ 山野農家

項目已經省文化廳、省旅遊局、省發改委、省環保局、省國土廳核准立項並實施建設。被納入《二○一四年度國家特色文化產業重點項目》《吉林省文化產業規劃》《遼源市十二五發展規劃》《遼源市資源枯竭城市轉型規劃》《遼源市重點項目提速規劃》當中，為遼源市重點招商引資建設項目，被吉林省政府授予「吉林省文化產業示範基地」，被遼源市政府授予「創業帶動就業示範基地」，被長影集團授予「長影農村題材影視拍攝基地」。截至二○一三年十二月三十一日，建設完成投資五千六百萬元，水、電、路、橋、通信、圍欄等基礎設施已全部建設完成。與此同時，關東大車店、關東村落、關東古鎮、關東老城等景點已竣工並

▲ 關東古鎮一角

交付使用。園區內四點九公里道路、烽火台、兩座涼亭已竣工，附屬設施按計劃二〇一四年八月全部竣工並投入使用。電影故事片《男左女右》已在園區內拍攝完成，即將公映；歌頌當代中國農民精神追求的電影《七彩田野》已拍攝完成，正在做後期剪接等工作；描寫中國礦業發展史的三十集電視劇《大窯主》即將拍攝。

一區為關東古城：位於園區入口向溝谷裡側（北）一百五十米處，是整個園區的核心景區部分。主要用於體現東北古城鎮民俗、民情和鄉土文化，同時滿足東北題材的影視劇拍攝需要。

二區為古民俗村落：該區位於二區北側，主體景觀為昔日皇家鹿苑，以皇家圍場和皇封鹿苑為內容。皇家鹿苑是清朝年間官方用來圈養梅花鹿的地方，是我國人工飼養梅花鹿的開端，投資三百六十萬元。

三區為滿族民俗一條街：即關東古鎮，是關東滿族民俗文化展示區，位於

▲ 皇家鹿苑

▲ 地主大院一角

三區西北側的溝谷台地之上，主景觀為地主大院和周圍散布的各種關東古民間作坊以及佃戶平民的房屋。清末民國時期古鎮村落，投資兩千四百萬元。

四區為皇家圍場：該區位於三區西南側的天然次生林地內，地勢平坦，背景正依託神茸架主峰，樹豐林密，層巒疊嶂，建有皇帝行圍臨時駐蹕處及各種大帳。

▲ 炸茸作坊

▲ 皇家圍場

▲ 少數民族農家院

▲ 王府

▲ 王府內景

　　五區為女真原始部落：位於盛京圍場北側溝谷深處。搭建地窨子、馬架子、木擱楞房、乾打壘房，反映女真部落及關東原始先民繁衍生息之地。

　　六區為臨時搭景地：位於五區西側的溝谷台地之上，主要為其他劇組進入園區根據不同劇情需要臨時搭景之處。

　　七區為古殿仙閣：該區為宗教文化區，位於六區正北方的山坡處，是園區重要標誌物之一，也是影視拍攝重點景地之一。

　　八區為林地民俗文化區：位於一區北側，二區的東側，以不同形式的林區建築為主體，以林區民俗文化為內容，積極開展「林區樂」休閒度假旅遊活動。

▲ 關東古民居

　九區為少數民族文化區：位於八區東側溝谷上端台地處，搭建早期朝鮮族民俗建築群落，還可根據不同關東影視拍攝需要搭建其他少數民族群落。

　十區為珍稀植物保育區：以寒蔥擴繁保育為主，由於寒蔥的藥用價值相當

▲ 野生寒蔥保護區

▲ 森林生態保護區

▲ 服務園區

▲ 園區內仿古民居

於人蔘，曾作為御膳貢品備受關注，為遊客提供觀賞、採摘和藥用的特產基地。

十一區為森林生態保護區：利用環繞古城及各功能區外圍的天然林地，通過林下人工引種人蔘、刺五加、平貝母、天麻、靈芝、百合、草蓯蓉、龍膽草等東北名貴中藥材，將保護功能和多資源開發有機結合起來。

十二區為接待服務中心：位於一區和九區的東側，主要功能是接待導遊、信息商務、內景攝影棚、辦公小區等。

十三區為其他小區：該區包括休閒廣場，布局在園區入口處連接古城樓，平時作為休閒草坪廣場，影視拍攝時作為攻城略地場景；月下荷塘，布局在關東古城西側，延園區西側水系，依據不同地勢建多個荷塘，伴有小橋流水景色相連；野果採摘區，為神茸架東側山梁，園區大環路兩側天然形成，並由多個天然形成的休閒草坪連成小區，以採摘山裡紅、核桃、榛子、林下菌類和人參、寒蔥等中藥材為主；民俗一條街購物中心，布局在園區主景「關東古城」內，兩側為明清古建築，店鋪林立，為影視拍攝主景地，同時為購物功能區。

劉丹農民畫培訓學校

　　學校位於依山傍水的東豐縣南屯基鎮紅鄰頭村（原東豐縣秀水公社），是東豐農民畫的發源地。學校的建築美觀大方，建築面積五百平方米，占地面積兩千平方米，是全國第一家農民畫專業培訓機構。學校教學環境優雅，基礎設施齊備，設有多媒體教室、創研室、展廳、會議室、微機室、學生食堂及宿舍，並配備先進的教學設備。學校教師隊伍精良，現有專職農民畫教師三十人，各類教職員工四十餘人，先後免費培訓農民畫學員兩千餘人，現有在校學員三百人。培訓學校還與本縣中小學合作，在全縣中小學設立農民畫為主的美術課程，為東豐農民畫藝術創作的繁榮提供人才保證。學校還不斷加強師資隊伍建設，安排高、中級專業人員和聘請省內知名農民畫專家擔任顧問或客座教師，對全縣農民畫作者進行理論知識和創作技法培訓。學校還積極參與全國展覽和開展學術交流等活動，並與吉林師範大學美術學院、通化師院美術系等一

▲ 學校正門

▲ 農民畫畫家劉丹在指導學員作畫

些專業機構建立了良好的展覽及學術交流機制。通過劉丹農民畫培訓學校的不懈努力，東豐農民畫有了更為堅實的群眾基礎，農民畫創作隊伍不斷壯大。

劉丹農民畫培訓學校培養出大批優秀的農民畫人才。近年來，這些骨幹作者在劉丹的教育和影響下，在國內各大展賽中嶄露頭角，屢獲殊榮。在第二屆中國農民書畫大賽中，賈平的《收工》、荊銳的《七彩致富路》在全國眾多農民畫高手中脫穎而出，榮獲一等獎，姜明鶴的《洗衣》、王樹仿的《看園翁》、楊鳴的《牧歌》、姜慧的《晚歸》、姚立萍的《滑冰》等二十八件作品分獲二、三等獎；在第三屆中國農民書畫大賽中，劉丹農民畫培訓學校的學員們再創佳績，高翠豔的《雞年得三寶》、王薇的《新農村》、苗芳的《收辣椒》榮獲一等獎，林凡萍的《飲牛》、於海群的《狗拉爬犁》、穀豔紅的《玉兔賞月》、王海玲的《吉祥鹿》等三十六件作品榮獲二、三等獎，七十餘件作品獲優秀獎。此外，另有六百餘幅作品在全國各地展會上展出，二百餘幅作品在國家、省、市刊物上發表，六十六幅作品被各大美術館收藏。

一分耕耘，一分收穫。二〇〇八年，東豐縣劉丹農民畫培訓學校被吉林省文化廳評為「文化產業示範基地」；劉丹本人也於二〇一〇年被評為吉林省首屆工藝美術大師。劉丹農民畫培訓學校堅持培養

▲ 劉丹與農民畫作者現場交流

創作隊伍為基礎、以東豐農民畫品牌為依託、以質量為保證的發展策略，堅持以多出人才、多出精品、多創效益為奮鬥目標，切實加快東豐農民畫產業化、市場化、專業化進程，為東豐文化事業和經濟社會發展做出了貢獻。多年來，劉丹農民畫培訓學校接待了省市縣各級領導和社會各界人士的參觀訪問，被新華社、中央電視台、《農民日報》《吉林日報》、吉林人民廣播電台、吉林電視台等多家媒體宣傳報導。

▲ 省市領導到劉丹農民畫學校現場參觀指導　　▲ 劉丹在專心致志創作農民畫

解方將軍紀念館

▲ 解方將軍紀念館正門

解方將軍紀念館坐落在東豐縣小四平鎮內，占地一千平方米，建築面積五百平方米。該館於二〇一〇年五月破土動工，二〇一一年六月建成，是一棟混凝土結構的三層獨體樓。共分四個展區，各展區分別記彔瞭解方將軍青年時期外出求學和抗日戰爭、新中國成立戰爭、抗美援朝戰爭時期的歷史資料。展廳共展示圖片一百多幅，展示實物共計六十三件，其中包括解方將軍親自參與編寫的書籍，親手所寫的作戰筆記、作戰電報、信件，參加過海南戰役和抗美援朝戰役的老兵們捐贈的紀念章、衣服等；還有仿製的當時的槍枝、報話機等物件。

館內一幅幅的歷史照片，一件件珍貴的革命文物，生動地展示了這位革命英雄將領的戎馬生涯。該館以弘揚愛國主義精神為主題，館內通過展出與解方將軍有關的照片、實物、書稿等及使用現代化演示手段，全方位展示瞭解方將軍革命戰鬥的一生。講解員用精練的語言向參觀者介紹解方將軍的生前事蹟和

▲ 緬懷解方將軍儀式現場

▲ 緬懷解方將軍儀式

紀念館的整體布局等。

通過參觀紀念館，觀看解方將軍專題電教片，大家對解方將軍光榮偉大的一生有了更深、更全面的瞭解。該館的建成，成為遼源市著名的愛國主義教育基地。

二〇一一年六月十六日上午，參加「東豐縣紀念建黨九

▲ 電視劇《戰將韓先楚》中解方將軍劇照左起：毛澤東（李克儉飾）、解方（陳姍姍飾）、周恩來（孫維民飾）

十週年、緬懷解方將軍座談會」的解方將軍後代、在外地工作的東豐籍黨政軍知名人士、軍史專家及解方將軍生前所在部隊首長，省、市領導及部隊首長等，來到解方將軍紀念館參觀；下午，到東豐縣南照山烈士陵園，參加了緬懷解方將軍祭掃儀式；到建設中的東豐縣西城區，參加了東豐縣博物館暨解方將軍事蹟展館奠基儀式。

解方將軍是從東豐縣小四平鎮走出去的開國將軍，也是吉林省為數不多的開國將軍之一。將軍在抗日戰爭時期，為建立抗日民族統一戰線做出了突出貢

▲ 朝鮮板門店首席談判代表朝鮮人民軍南日將軍（中）、志願軍代表鄧華（左2）、解方（左1）

▲ 解方將軍（陳姍姍飾）

▲ 開國少將解方

▲ 中學生在接受愛國主義教育

▲ 各界人士到將軍紀念館參觀

獻；在新中國成立戰爭時期，為新中國成立東北、海南島等一系列重大戰役的勝利建立了卓著功勛；在抗美援朝期間，為取得抗美援朝戰爭的全面勝利立下了汗馬功勞；在社會主義建設時期，為加強我軍現代化建設傾注了大量心血。

　　為了紀念解方將軍的豐功偉績，表達東豐人民對將軍的深切懷念，加強全縣人民的愛國主義教育，凝聚鹿鄉人民建設東豐、發展東豐的強大力量，在省市領導和社會各界的大力支持下，東豐縣還在縣城內籌建瞭解方將軍事蹟展館。展館將以弘揚愛國主義精神為主題，以解方將軍的革命戰鬥經歷為主線，通過實物、繪畫、圖片、書稿、書籍及現代化科技手段，全方位展示解方將軍革命戰鬥的一生。

▲ 將軍故里

▲ 軍事科學出版社出版的《解方將軍》一書

▎東豐‧中國農民畫館

東豐‧中國農民畫館位於東豐縣西城區，占地面積一萬平方米，建築面積三八八六平方米，總投資三千餘萬元。其中，僅地面工程建設投資就達一六八〇萬元。工程於二〇一〇年五月開工建設，二〇一一年十月建成使用，是集展覽、培訓、創作、收藏、交流、商務為一體的綜合性展館。展館共分「歷史」「發展」「成就」「奮進」「友誼」五個展廳，展出農民畫精品一千五百餘幅。這些作品均源於當地農民的生產生活，從春耕時的繁忙景象，到秋收時的喜悅心情，農村一點一滴的新變化，被農民畫家細膩而生動地描繪在紙上，濃郁的關東風情，明艷豐富的色彩，令人眼前一亮。二〇一一年十月十一日，東豐‧中國農民畫館正式開館。

▲ 二〇一〇年，首屆中國農民藝術節開幕當天，全國政協副主席孫家正（右一）在吉林展廳觀看東豐農民畫

▲ 二〇一三年七月十一日，省長巴音朝魯（前排左二）在東豐縣領導陪同下，到東豐農民畫館調研（館藏照片）

▲ 關東煙　隋鳳琴　　　　▲ 二十七殺小雞　李俊傑

　　館內一樓建有序廳，主要展示畫館主題；多功能展廳，主要用於舉辦農民畫展，開展各類藝術形式的展覽活動；接待處，主要用於接待服務、商務洽談、會議組織和對外聯絡等；藝術品超市，主要經銷東豐農民畫作者創作的藝

▲ 飛雪迎春　王艷

▲ 七彩雞　呂言

術品、精品和商品畫以及其他藝術形式藝術品。

　　畫館二樓為中心展廳：主要介紹東豐縣歷史文化發展狀況及東豐縣農民畫起源、形成、發展、壯大的歷史進程。展示早期東豐農民畫作品和歷史及創作風格不同的農民畫精品（含歷年獲獎作品），介紹知名農民畫作者及其代表作品。並按功能分區設有「一室一廳一區」，即創作室：主要用於骨幹作者的輔導和創作指導，進行集中培訓、學術研討、經驗交流，提高農民畫作者技藝。也可作為一個展廳，讓參觀者參與到農民畫的創作過程中，實現體驗式參觀；多媒體報告廳：主要有辦公室、檔案室、收藏室、鑑賞室等，主要用於館內工作人員日常辦公，存放全縣農民畫從產生至今的歷史文獻、相關文件、影視資料、圖片資料和農民畫作者檔案材料。收藏其他農民畫作者歷年創作的農民畫作品及全縣農民畫相關的藝術作品，收藏其他農民畫畫鄉的作品。評析鑑賞東豐縣創作的農民畫精品，深入挖掘農民畫的藝術實質和藝術價值。

▲ 縣內學生到農民畫館參觀

▲ 畫館一樓展廳

▲ 畫館二樓展廳

▲ 媒體記者在畫館內採訪

▲ 外地農民畫作者到東豐農民畫館參觀學習

▲ 吉林省書法家協會副主席兼副秘書長劉成向東豐農民畫館贈送書法作品

▲ 東豐‧中國農民畫館、豐城書畫苑「美在鹿鄉」迎春筆會

▲ 百名農民畫家合力創作百米巨作《幸福東豐》

▲ 東豐‧中國農民畫館

▲ 畫館內農民畫家創作室

▲ 畫館大廳

第五章
———

文化產品

「馬記鹿茸」和東豐農民畫都是省級非物質文化遺產。「馬記鹿茸」暢銷韓國、日本、新加坡、馬來西亞等東南亞地區，是國家出口免檢產品；東豐農民畫名揚海內外。除在中國美術館及全國舉辦的各大美展中展出，還多次到韓國、日本、菲律賓、印度、俄羅斯等地展出。二○一四年五月，東豐農民畫在聯合國總部展出，引起轟動。除此，東豐民間剪紙、年畫、葫蘆畫等產品在國內外也頗具影響力。

▲ 鹿鄉秋色

馬記鹿茸

二〇〇七年四月，「馬記鹿茸」被列為吉林省首批非物質文化遺產名錄。

「馬記鹿茸」是東豐縣炸茸技師馬興泰開創的名牌產品。他耗費畢生心血鑽研炸茸技藝，使「馬記鹿茸」暢銷全國各地，走俏東南亞。新中國成立前，天津、營口的藥材交易所一見「馬記鹿茸」，立即拍板成交。如果「馬記鹿茸」不到市，茸市就不能開盤，鹿茸經銷商人也標不了價，定不了等級。

馬興泰一九〇〇年出生於山東省東平縣小壩村，一九一八年闖關東到東豐縣（原東平縣）四平街（今小四平鎮）投奔一個老鄉。由老鄉引見，拜見了趙家主事趙振山，表示要當夥計的意願。趙振山見他身高體壯，人也憨厚，就答應他先留下來。

當時經常為趙家炸製鹿茸的兩位技師，一位是從吉林烏拉（今吉林市）請來的王玉林師傅，一位是從天津請來的朱坤武師傅。兩人的炸茸技藝在當時是業內高手，每年到清明前後的割茸、炸茸季節，趙家都要把他們請來。趙振山見炸茸師傅年紀越來越大，有意讓馬興泰跟隨師傅學藝，於是讓馬興泰每天在餵鹿、清掃鹿圈的空閒時間，為炸茸師傅端茶送水，幫助搬柴燒火，拾掇用具和清理室內衛生，同時注意學習炸茸技術。馬興泰機靈聰明，將觀察到的炸茸

▲ 東豐型梅花鹿

▲ 省政府授予「馬記牌梅花鹿茸」為「吉林名牌」

▲ 馬興泰教徒弟學習鹿茸炸製工藝

▲ 馬記鹿茸炸製工藝

操作時間、方法、動作和程序牢記於心。經過幾年時間，他逐漸掌握了炸茸的要領。

一九四七年秋天，東豐解放，在小四平鄉成立了國營東豐縣養鹿場。馬興泰到鹿場工作。從此，馬興泰成為新中國國營鹿場的炸茸技師。一九五三年，東豐縣又在橫道河鄉成立了國營第一鹿場，小四平鹿場改稱第二鹿場。馬興泰從第二鹿場調到第一鹿場任炸茸技師。

馬興泰的工作主要是負責炸鹿茸、培訓全縣鹿場學習炸茸的工人。他帶領徒弟們研究改進以往的炸茸製作工藝，不斷提高鹿茸的炸製質量。一九九二年

▲ 馬興泰曾工作過的東豐縣第一鹿場

五月十日「馬記鹿茸」由東豐縣農墾牧業總公司在國家工商總局正式註冊。

▲ 馬記鹿茸

長春電影製片廠在東豐鹿場拍攝了《飼養梅花鹿》的科教片。馬興泰的炸茸技術曾被中國新聞電影製片廠拍成紀錄片，《人民畫報》還刊登了馬興泰的炸茸工作照。吉林省農業廳還派人到東豐鹿場考察梅花鹿的生長規律，飼養、馴化、鋸茸、炸茸的狀況，並化驗了鹿茸的營養成分等，出版了吉林省第一部《養鹿學》著作。馬興泰還曾被聘請到左家特產學校講授炸茸技術，在天津、大連、長春等地召開的參茸展銷會上，擔任驗茸評議組專家。他還曾當選東豐縣第二、三、四屆人民代表大會代表、政協東豐縣第二、三、四屆委員會常委、東豐縣科學技術學會會員，深受人們的尊敬。

二十世紀八〇年代，在馬興泰和他的徒弟們的共同努力下，「馬記鹿茸」在內地及港、澳地區和印度尼西亞等東南亞各國再度走紅，曾吸引韓國、朝鮮、日本、蘇聯等國的有關專家來到東豐縣鹿場參觀學習。「馬記鹿茸」的聲望越來越高，並通過上述國家和地區轉銷到歐、美各地。

一九五八年十月一日，全國農業展覽會在北京開幕，東豐縣選送的十隻梅花鹿被安置在單獨展區參展；展區的圍欄上掛有木牌，上面寫著：長白山梅花鹿，吉林省展品，產地：吉林省東豐縣。馬興泰親自加工製作的三杈砍頭茸和兩副二槓茸被安放在精製的展台上供人參觀，展台旁邊立的木牌上寫著：梅花

▲ 橫道河鹿場

▲ 人民大會堂吉林廳展出的「馬記鹿茸」

鹿茸，吉林省展品；產地：吉林省東豐縣；製作人：馬興泰。

一九五九年，新中國十週年大慶到來之前，北京十大建築之首的人民大會堂即將竣工。中央要求在大會堂內設的各省、自治區、直轄市會議廳內陳列或懸掛具有地域特色的民間工藝品或繪畫作品。中央的要求下達之後，各省都認真準備，吉林省政府經過反覆斟酌，決定選送東豐鹿場的長白山梅花鹿砍頭三杈茸為吉林廳陳列展品。

馬興泰帶領徒弟，充分運用多年積累的炸茸經驗，精心加工製作，終於生產出一架精美的特等砍頭三杈鹿茸。這是馬興泰炸製過上萬架鹿茸之中的最有分量的代表作。人民大會堂落成以後，縣政府領導專程護送這架鹿茸到北京。這架鹿茸一直在人民大會堂吉林廳陳列到二十世紀八〇年代末。

「馬記鹿茸」以優良的品質和獨特的加工技藝，獲國家農牧漁業部授予的

▲ 「馬記鹿茸」炸製工藝

優質產品證書；被國家外貿部確定符合優質鹿茸的驗收等級標準，批准為出口質量免檢商品，在國際市場上有很好的信譽。

二〇〇七年五月三十一日，吉林省人民政府（2007）二十號文件，公佈吉林省第一批省級非物質文化遺產，「馬記鹿茸製作技藝」名列第八項「傳統手工技藝」之

"马记" 牌东丰梅花鹿鹿茸

▲ 「馬記鹿茸」注冊商標

中。

從二十世紀五〇年代起，馬興泰先後向吉林農業大學特產系實習生傳授技術達一百五十人次，為北京、遼寧、新疆等地培訓炸茸技術人員五十餘名。黑龍江、內蒙古、山西、青海、福建等地都曾派人來學習他的炸茸技術。

一九六二至一九六四年期間，一些大專院校派人到東豐鹿場實習，向馬興泰學習養鹿、炸茸技術的學生達四十餘人，其中吉林農業大學一次派來實習學生十二名，黑龍江省某農校一次派來學生十八名。

據初步統計，到一九七五年離休以前，得到馬興泰親授炸茸技術的人員達四百餘人。

馬興泰還被聘為國家外貿部門驗茸評議組成員。

一九八三年七月八日，「馬記鹿茸」的創始人，八十四歲高齡的馬興泰老人與世長辭。馬老的十八位弟子集資築立的花崗岩石碑，碑文如下：恩師一生待人以誠，獨創茸技譽榮亞東。嘔心瀝血藝傳後人，繼承師業中華振興。

這言簡意賅的三十二個字，勾勒出馬興泰享譽海內外獨創炸茸技藝的功績，以及他的徒弟們繼承師業，振興中華的宏偉壯志。

東豐農民畫

▲ 省級非物質文化遺產證書

東豐農民畫蜚聲海內外。近年來，東豐農民畫年銷售額都在一千五百萬元以上，市場前景也越來越好。東豐農民畫之所以在市場上走紅，是與東豐農民畫的鮮明特點和政府的大力扶持分不開的。

作品充實，充滿生機活力。東豐農民畫作者身分是農民，受學歷、閱歷、經歷的限制和約束，他們的藝術才能多半是鄉土培訓、師傅口傳身授。他們熱愛耕作，更熱愛繪畫。農民畫家傳承祖宗留下來的技藝，畫民俗和民風，渲染東北風情；畫朝思暮想的心裡事，企盼夢想成真；畫鄉里鄉親的交往，彰顯人際和諧；畫好山好水，渴望天時地利人和；畫花鳥魚蟲，歌頌自然，啟迪人生；畫地里長的家裡養的，讚揚科技進步使各業興旺；畫城鄉互動交流，展示時代風貌；畫社會主義新農村，歌頌黨和政府的政策好。他們的作品有生活、有情趣、有思想、有意義，體現著勞

▲ 東豐農民畫

▲ 吉林省東豐縣猴石鄉高興村一組農民周雲峰
（右）和老師李俊敏展示創作的農民畫新華
社發（杜清華 攝）

▲ 在吉林省東豐縣，周桂娟在東豐鎮一個農民
畫學習創作點創作《冰上童年》新華社發
（杜清華 攝）

動人民的審美需求，洋溢勞動者樸實的情懷，蘊含追求美好生活積極的力量。畫中有我，我畫我心，表現了作者生活充實、精神充實、藝術充實的卓越追求，給人以真情實感，留下溫馨的回憶，產生無比的感染力。

　　藝術的功能源於美的本質。東豐農民畫展現了作者認識上求真，倫理上求善，藝術上求美的追求，每一件作品從內容到形式，從藝術到思想都努力創新。從空間藝術角度看，化空靈為充實，重想像的真實大於重感覺的真實，長於具體描繪。畫山水，常是樹滿山、果滿山，鹿群、羊群在山間，水中鴨成群，魚兒歡。從造型藝術角度看，畫形體塊面造型為線條造型，以線的描繪統帥造型。畫人物形體是通過線描來實現的，工筆人物勾勒著色細膩，常常採取誇張變形的手法，表現作者的獨特感受，不僅注重「神識風采」之美，更注重「動感逼真」之美，以展示東北男人剽悍質樸、女人俊美賢惠的風骨和氣質。

▲ 東豐農民畫在第九屆長春農博會展出開幕式

從視角藝術角度看，畫宮廷美術的工筆重彩為民間美術的工筆重彩，用色彩明暗變化，冷暖對比和色調運用，增加美感。從意境角度看，不空泛地模仿，少表現閒情逸趣，而重現實，反映火熱生活，表現時代精神，表現人的核心價值。

▲ 牧歸　張娟

▲ 爭窩　孟豔坤

　　民間美術是和生活、生產最密切相關的。農民在勞動中創造了美的事物，豐富了美的生活，發展了審美意識，追求美的構想慾望漸進地進入自覺境地。

▲ 東豐農民畫在聯合國展出時，紐約曼哈頓大街宣傳廣告

世代相傳的審美情趣，美不勝收的現代農民畫作品，反映著新時代各種審美理想，充分體現農民群眾對美的創作積極性和聰明智慧。東豐農民畫是以農民作者為主體，以關東民風民俗為養分，以自身生活為源泉，題材多樣，風格各異，以繪畫充實美、風格美、意境美為主要特徵的，表現東北風情的中國繪畫。

東豐農民畫繼承傳統，勇於創新，運用多種技法從事創作。一九八八年在第二屆全國農民畫大賽中，姚鳳林的《老鷹抓小雞》《都要下蛋》《扎絨》以

▲ 冬趣　趙永平

▲ 牛狀元　李俊敏　　　　　　　　　　　　▲ 大姑娘美　李俊敏

寫實的風格、浪漫主義手法，工筆重彩的「雞」畫，受到國畫大師黃冑先生的
讚賞；愛新覺羅‧溥傑現場題詞鼓勵。

　　東豐縣委、縣政府歷來高度重視東豐農民畫的發展，為保護、傳承、發展
好這一文化品牌，繁榮東豐農民畫產業，縣委、縣政府始終堅持強力打造東豐
農民畫品牌，弘揚地域特色文化，從提高各級領導幹部抓農民畫創作的責任意
識入手，增強引導和扶持農民畫創作的主動性和自覺性，確保農民畫創作活動
紮實有效地開展。二〇〇〇年，縣委、縣政府出台了《東豐縣鹿鄉文化綜合系

▲ 過大年習俗　李俊傑

列開發工程實施方案》（東發〔2000〕26號），將農民畫列入重點工作中。特別是二〇〇四年，縣委、縣政府為鞏固農民畫鄉建設成果，推動農民畫向產業化發展，逐步形成富民強縣的支柱產業，促進全縣文化事業的持續繁榮，專門就農民畫工作出台了《關於進一步加快農民畫發展的實施意見》（東發〔2004〕19號），確定了近期和遠期的發展目標。二〇〇五年，縣政府出台《東豐縣農民畫人才獎勵辦法》《東豐縣農民畫專業人員職稱評聘辦法》，先後對二十餘名有突出貢獻的農民畫作者聘任到縣文化館、鄉鎮文化站工作，許多作者通過農民畫創作、教學等工作晉陞了中、高級職稱。促進和激勵東豐農民畫出人才、出精品、出錢財，為發展農民畫事業注入新的活力。

多元啟動，加強創作基地和師資隊伍建設。縣文化館每年培訓作者三百多人次，各鄉鎮文化站培訓作者一百多人次，全年培訓四百多人次，每年新創作作品約五百餘件。從二〇〇五年起，全縣中小學第二課堂設立農民畫課程，在

▲ 一九八四年以來公開出版發行的《東豐農民畫》畫冊和書籍

▲ 鹿嶺初春　金花

▲ 童年　王豔

▲ 節假日、農閒時節，農民畫家在自家創作

職業高中開設農民畫專業班，為東豐農民畫藝術創作的繁榮提供人才保證。為瞭解決農民畫創作師資滯後的問題，縣文化館安排館內高、中級專業人員和聘請知名農民畫家擔任顧問或客座教師，對全縣各中小學校美術教師進行農民畫理論知識和創作技法培訓。每年與縣教師進修學校合作培訓美術教師六十人；組建「東豐縣農民畫巡迴培訓團」，每年舉辦中、小學生培訓班八期，培訓學生近八百人；舉辦美術教師培訓班二期，培訓教師一百人左右。建立培訓場所（文化站、鄉鎮中小學校、職校）六十個。

二〇〇五年，東豐縣委、縣政府以文件形式下發了《關於進一步加快農民

▲ 古往今來　溫泉

▲ 畫葫蘆　李曉波

▲ 農民畫家相互切磋創作技法 　　　　　　　　　▲ 農民畫家為參觀者現場作畫

畫發展的實施意見》。《意見》確立了東豐農民畫發展的總體思路、目標和十項措施，特別突出了農民畫創作隊伍這一基本立足點。為此，東豐縣組建了專業的農民畫師資隊伍，著手對全縣中小學美術教師進行系統的農民畫理論知識和創作技法培訓。完成對美術教師的培訓後，還在全縣中小學的第二課堂設立農民畫課程，以培養更多的農民畫創作人才。

多年來，東豐農民畫在吉林省、遼源市以及東豐縣的大力引導和扶持下，不論是在社會效益方面，還是在經濟效益方面，都取得了輝煌的成就，成為吉林省重要的文化品牌，在全國也具有巨大的知名度和影響力。

縣委、縣政府還積極拓展銷售渠道，組織各有關部門科學制定營銷策略，實施「自、聯、展、貿、推」的「五位一體」的營銷手段，藉助互聯網技術，改造傳統流通渠道和營銷體系，並大力發展農民畫營銷中介體系，通過經紀人加強與國內外大企業、集團以及國外友人連繫，擴大東豐農民畫銷售渠道，增加農民畫經濟效益。

進一步加強宣傳。結合實際，在重要節日、紀念日及大型社會活動中，舉辦一些具有導向性、示範性的活動，並充分利用新開通的「東豐縣政府網站」中的農民畫專欄及各類農民畫展和各種層次的經驗交流活動，廣泛開展宣傳推介活動，不斷擴大東豐農民畫的知名度。

東豐農民畫的藝術成就、藝術特色早已蜚聲省內外。

東豐縣葫蘆畫

　　東豐縣地處半山區，土地肥沃，水資源豐富，氣候條件非常適合葫蘆生長。在農村，幾乎家家戶戶都種植葫蘆。時間久了，就有人在這不起眼兒的葫蘆上琢磨道道了。東豐鎮苗勝村農民佟涵就是其中之一。他於二〇〇四年開始創辦東豐葫蘆畫，以多變的手法和技巧加工、生產工藝葫蘆，各種神態生動、形象逼真、栩栩如生的烙畫作品美不勝收，各種生肖葫蘆烙畫，遠銷海內外。

　　東豐葫蘆畫的最大特點就是彩繪加火繪。彩繪，就是用鮮豔的色彩涂繪在葫蘆上面，使色彩和葫蘆本身的形狀、大小形成統一的載體，再創作出種類不同的葫蘆畫作品。火繪也稱燙畫、烙畫，工藝比較複雜。就是用被炭火燒得通

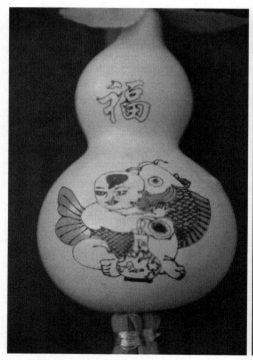

▲ 東豐縣葫蘆畫《福》

▲ 東豐縣葫蘆畫《老壽星》

紅的鐵釬子做「畫筆」，在葫蘆上燙畫。彩繪加火繪，既是在用鐵釬子燙製好的畫面上，再用各種油彩調勻，按圖施色，塗抹在葫蘆面上，然後再進行「熱燙」，把油彩「燙」進葫蘆皮肉裡，使色彩透進去，又不傷葫蘆肉，而且畫紋清晰又立體，畫面更加形象逼真。

目前，全縣開發葫蘆畫產品的有五人，產品大多銷往廣州、上海、深圳等南方市場。

▲ 《雙星》董吉武

▲ 《陀螺》董吉武

東豐縣民間剪紙

東豐縣民間剪紙已有一百多年歷史，近年來最有代表性的傳承人有：三合滿族朝鮮族自治鄉永安村四組宋春霞（滿族），有一手祖傳滿族剪紙手藝，她的剪紙形式粗獷、豪放，有著濃郁的滿族文化特徵。二〇〇二年，她創作的《薩滿人物》獲吉林省民間文藝家協會、吉林省滿族剪紙研究會舉辦的「吉林省剪紙大賽」銀獎；李俊敏繼承家族祖傳的剪紙手藝，多次參加國際、國內大賽並獲獎。二〇〇二年，他應韓國傳統民俗保存會之邀，赴韓國大田市參加中、日、韓民間剪紙展覽及學術研討會；曹敏從二〇〇六年起，參加中國國際第三、四、五屆剪紙展覽會，並獲大獎。二〇〇六年，《太平調》榮獲第二屆國際剪紙藝術展優秀獎並被收藏。二〇〇七年，《筆福》在中國人民對外友好

▲ 曹敏剪紙《祈福》作品表現的是薩滿祈福時的情景

▲ 曹敏剪紙《神歌》（1、2）作品表現的是薩滿祈福時的情景

協會、紐約東西方藝術家協會聯合舉辦的第三屆剪紙藝術展中獲銅獎。二〇〇八年,《新城戲》在第四屆國際剪紙藝術節上獲銅獎;《薩滿神歌》在西風烈剪紙藝術大賽中獲銅獎。二〇〇九年,《皇天后土》在第五屆國際剪紙藝術節上獲銀獎。二〇一三年,《華主伏羲女媧》在延安首屆華夏剪紙藝術精品展中獲優秀獎。

目前,全縣從事民間剪紙藝術的有近百人。

薩滿為女真語,意為巫。原為女真先民神靈護佑的一種祭祀儀式。後演化為驅邪祛病的迷信活動。薩滿祭祀活動內容豐富,集舞蹈,音樂,對話於一爐。對後來東北人的生活娛樂方式的形成至關重要。

滿族民俗,新娘子在坐福的過程中,對她喜歡的孩子輕輕地掐一下,希望將來她的孩子像他們一樣可愛。床上放有寶瓶和錢幣。周圍是幔帳和鴛鴦戲水等吉祥圖案。

▲ 曹敏剪紙《坐福》

▲ 《吉祥土地》曹敏

▲ 《簸箕娃娃》曹敏

▲ 《滿族民俗》曹敏

▲ 《大姑娘美》李俊敏剪紙

▲ 《歡天喜地》李俊敏剪紙

東豐縣年畫

　　新中國成立前，東豐縣人仿楊柳青畫法，以「福祿壽祥」為主旨，做百子圖、魚躍龍門、壽比南山、龍鳳呈祥等各式圖案，線條古樸，色彩豔麗，多係個人自慰或應酬之作，絕少製版刊行。

　　一九六三年，東豐縣人第一幅由吉林人民出版社出版的年畫《福》字斗方問世。一九六五年，楊樹有繼《福》之後，連續發表開幅為對開的《助人為樂》《熱愛公社、發展生產》等作品。一九七四至一九七五年，吉林人民出版社先後兩次在東豐縣舉辦全省年畫學習班。此後，東豐縣人逐年有兩幅以上年畫在省級以上出版社出版。一九八二年，具有吉林年畫特色的《勤勞有餘福壽來》出版，畫面採用民間傳統對稱式構圖，裝飾風味濃，色彩鮮豔，銷售一百

▲ 三笑結姻緣　楊樹有　王洪俊

▲ 花開如意

▲ 喜慶五穀得豐收

▲ 姐姐吃大的　董碩

▲ 四季風光　楊樹有

▲ 富　王洪俊

八十萬張。同年，東豐縣人又突破原有單純花鳥、山水畫表現形式，融花鳥山水、亭台人物為一體，創造出新穎的四幅條屏式風光花鳥屏。一九八五年，還有年畫作者八人。

根雕

　　一九九二年，紅石鄉王福全創作的根雕《黃土地上》獲「吉林省民間藝術展」一等獎。一九九七年，《長相依》《舐犢》《本是同根生》參加吉林省「迎香港、慶回歸」書畫藝術展。其中，《本是同根生》入選。一九九八年，《二龍戲珠》獲「吉林省根雕藝術展」二等獎；《哺育》《殘喘》獲「吉林省民間藝術展」一等獎。楊木林鎮的朱方生，自幼喜愛根雕藝術，並在根雕、木刻工藝製作方面小有成就，他的作品在市場流通領域銷路很廣。目前，他應北京一家公司之邀，專門從事根雕、木刻方面的設計製作。

　　根雕藝術是一種天趣。根雕藝術與雕刻藝術有不同，根雕藝術是一門「奇」「巧」結合的造型藝術，它在藝術創作上的美學原則與其他雕刻藝術既有共同之處，又有它獨有的特點。古人利用根的天然形態，採取一種特殊的表現手法創造出來的根藝作品惟妙惟肖、生動自然。根雕藝術是採用根的自然形

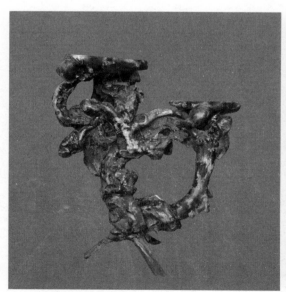

▲ 《相伴》王福全

▲ 《步步高升》王福全

▲ 《長壽》李煜

態，與天同創，是「三分人工，七分天成」。大部分利用天然形態，少部分進行人工處理和雕琢。在創作中，它要受樹根材料的限制，而不是光靠雕刻去塑造形象。東豐縣地處半山區，次生林和人工林資源豐富，樹木種類多，發展根雕業有獨特的資源條件。近年來，東豐縣根雕藝術裝飾品主要有根雕藝術床飾、根雕藝術座椅、根雕藝術壁飾、根雕藝術花架、根雕藝術古董架、根雕藝術盆景等等；根雕藝術實用品有根雕藝術枴杖、根雕藝術「文房四寶」、根雕藝術家具等等。

近幾年，東豐縣內成立五家根雕廠，大多以加工根雕工藝品、花架等為主，年加工量有三百多件，這些產品大多都銷往北京、廣州、深圳、海口等地。縣內有專門做根雕生意的經紀人，常年奔波於東北和南方及北京、上海等地。

布貼畫

　　一九八六年，「張玉豔民間美術作品展」在長春工人文化宮舉辦。其中，布貼畫《回杯記》《馬前潑水》《豬八戒拱地》《包公賠情》及組畫《秋收音樂會》受到好評。二〇〇二年，縣文化館曹敏創作的《天池四季》《長白美人松》《旗人》等十餘件作品經吉林省旅遊局委託廠家批量製作銷售。

　　布貼畫是一種古老的民間貼補工藝，歷史悠久，廣泛流傳於民間，又叫布堆畫、布貼花、布擺花，還叫撥花。以粗布為原料，用袋裝染料直接高溫染製成各種顏色。東豐縣布貼畫在傳統民間剪紙、刺繡、壁畫、布貼工藝的基礎上，製作藝人從生活出發，就地取材，採用不同色彩、不同質地、不同形狀的布塊，通過縫製和補充布飾、黏貼、熨燙等手工藝，創造出畫面具有浮雕感的布貼畫。所謂縫製，就是大面積的拼貼，包括貼塊、縫合、鑲花和拼接；所謂補花，就是小面積的花飾紋樣點綴，即在一塊底布上貼、縫、鑲上有布紋樣的布片。東豐縣布貼畫，大多以反映當地民風民俗為主題，折射出當地固有的民族社會發展、文化歷史、風俗習尚、地理環境、民間傳說和審美觀所賦予的光彩。東豐縣布貼畫自然流暢、工藝精美、情趣各異、風格獨特，適合於裝飾不同居室、

▲ 曹敏布貼畫作品《游泳》

▲ 曹敏布貼畫作品《臘月》

場所。它作為室內裝飾品和藝術禮品，在國內外備受歡迎。

目前，縣內有專門從事布貼畫加工的十多人。其中，縣文化館的曹敏是國內比較有名的布貼畫作者，每年加工布貼畫五十多幅，作品除參加全國各地展出外，還有經紀人長期合作，產品大多被當作禮品送給知名人士和外國友人。僅去年，她的布貼畫作品就被經紀人收購三十多幅。

▲ 曹敏布貼畫作品《越軌的代價》

書法

　　提到東豐書法，應是從建縣初說起，因為東豐在清朝時代，原是盛京圍場的一部分土地。

　　東豐建縣之初，書壇名流，譽滿東豐，而又在東邊一帶頗有聲譽的首推劉漢儒。劉漢儒字翰亭，海城人，故落款常為古臨溟翰亭劉漢儒。劉為清末貢生，曾出任皇庭教習和寧遠州學正。到東豐後，曾任預警總辦，故當地人統稱他為劉總辦。又曾受海龍府聘為鄉試主考，其書法在附近各縣或省內頗有名，與當時海龍府（縣）官依凌阿、白永貞常有作品往來，對東豐書法影響很大。舊《東豐縣志》稱「公工書，深得顏柳精髓。」有人認為，劉公字是柳多鮮顏，有柳字的筆力精神，而少有柳字的棱角，秀勁峻拔，靈活挺健，其書又可分前後兩期，前期書多作行楷，是筆筆見功夫，處處有力量；後期書多作行

▲ 東豐縣出版的《書法作品》集

▲ 書法作品　王德貴

草，力量多寓於使轉之中，而筆畫有時也與前期稍有變化。為人作書頗多，當時多有存者，如藥店廣聚長題匾，又如廣聚長與雜貨布匹商店東協興厚門臉所題楹聯，直至新中國成立初期才被逐次拆除。

　　清宣統元年，有直隸人尹湝，字澂甫，來宰東豐邑；民國四年又有熱河人謝桐森，字仲魯，來知東豐縣事。兩人皆酷愛書法，又為一縣之長，求書者甚眾，應酬頗多，譽滿一時。因上有好之者，對東豐書法實有推動作用。尹湝又善畫蘭竹，所見其畫巨幅蘭草，葉長幾尺，揮灑自如，飄逸生香，亦見其筆力功夫，其所書字，見一聯為「用拙存吾道，隨風入故園」，筆法顏柳，蒼勁豪邁，古拙雄健。所見謝桐森字，其聯為「珠簾不捲留香久，古硯微凹聚墨多」。法出歐趙，趙之分量尤為多，圓潤利落，外透秀逸清新，內含力量筋

▲ 行草扇面　薑玉鑫

▲ 譚洋（楷書）

骨，為雅俗所共賞。

　　東豐書法先有劉翰亨公的精於書，奠定了較高的基礎，後又有尹、謝兩縣令的推崇，對東豐書法實有所倡導與推動，東豐書風為之大振。應運而生又有一段因書薦賢的佳話。如有陳子安後改為紫庵公，家原居山東，後隻身一人來東豐時，是舉目無親，只好到當時學董劉某家做傭工。歲暮因家遠無處可歸，仍在學董家幫工。春節前，鄉鄰求劉學董寫春聯者頗多，又地處農村，一時找不到他人代筆，劉某實有應酬不暇之勢。一日，此長工——陳公見春聯堆積如山，主人又因事外出，即向東家商量，願代寫幾聯以減主人之勞。及主人歸來，見代筆者出手不凡，即忙問為何人所作，即時請來面敘。方知此長工陳公頗有學識，於春節後即薦於縣，陳公遂將家遷來，在東豐任事多年，曾任楊木林師範校長、東豐電話局長等職，後成為東豐鄉紳和一代書法家。由此可見，當時東豐書風之盛和對書法的重視。

　　清末民初，官場行文、學生課讀、店鋪記賬均以毛筆為主要工具，其中專習書法，成績顯著的多為外籍官宦。一九二六年前後，東豐縣淪陷時期，書寫工具以鋼筆為主，毛筆字被部分愛好者所鍾愛。其中，印刷工人張成樸以石印字得名。

　　新中國成立後，書法愛好者頗多。二十世紀五〇年代中期，以賈恩國楷中有行、揉之以魏的風格為中心，東豐縣人興起學書法高潮。不少學有所成者或另闢蹊徑，或刻意創新，在國家、省舉辦的書法展或書法活動中取得佳績。其中，徐仁智專習柳、殷，以行、草見長，後臨板橋體成績顯著。

▲ 行書條幅　徐仁智

▲ 篆書條幅　王以忱

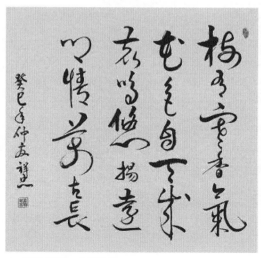

　　一九七九年以來，徐仁智在國際和國內書法大賽中屢次獲金、銀、銅獎。作品勒石「黃河」「山谷」「元極」「國際」「觀音閣」五大碑林，其創作作品流傳於東南亞、美國、加拿大等國。一九九〇年，王秉典書法作品《血染風采》在吉林畫報第五期發表。一九八九年，周傳波有兩件書法作品參加「吉林省首屆書畫大賽」獲榮譽獎，一九八九至二〇〇二年，周傳波連續五年在吉林省「萬幅春聯」大賽中獲一、二等獎。二〇一二年七月二十八日，王恩富書法參加在韓國首爾舉辦的麗水世博會「中韓書畫友誼展」獲金獎。

　　目前，東豐縣書法愛好者有近千人，東豐縣文化館每年都舉辦書法培訓班，加強培訓輔導工作。

▲ 書法作品　孟祥忠

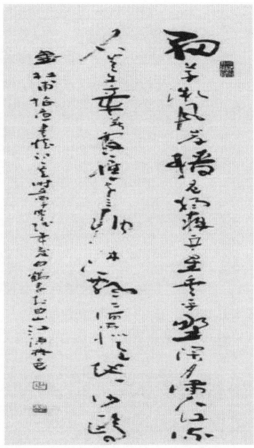

▲ 章草條幅　王鶴春

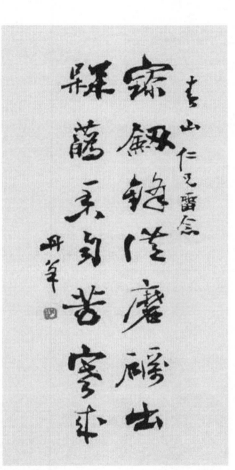

▲ 對聯　王丹羊

國畫、油畫

　　一九八六年以來，東豐縣湧現出王秉典、王忠禮、陳玉喜、徐聲祥、孫爾昌、黃利春等一批優秀國畫、油畫作者，作品多次入選國內各類展覽並獲獎。

　　二〇一二年初春，東豐繪畫界有識之士在縣委、縣政府關注下，在縣委宣傳部、縣文體局倡導下，組織成立了東豐畫院。東豐畫院成員馮啟奎、黃建秀、劉先鳳、王亞校、於萬福等十幾位會員的作品，參加吉林省「長白山」書畫展，馮啟奎油畫作品《乾花》被評為優秀獎；二〇一二年九月，遼源市美協舉辦「反腐倡廉」書畫作品展，畫院二十餘位會員作品參展。其中，馮啟奎油畫作品獲得金獎。

　　二〇一三年春天，中國文化部、文聯、吉林省美協舉辦「東北亞書畫美術展」，畫院會員黃建秀作品被評為金獎，作品被外國友人收藏。

　　二〇一三年，縣文廣新局舉辦書畫作品展，黃建秀一幅油畫作品被友人收藏，在社會上獲得很高聲響。

　　二〇一四年，縣文廣新局舉辦油畫「三人展」。中國美術家協會會員錢文、吉林省美術家協會會員馮啟奎、黃建秀攜多幅力作參展。作品題材廣泛，藝術水準較高，使廣大觀眾領略了藝術的魅力，感受到心靈的震撼。

▲ 山村雪景（油畫）馮啟奎

▲ 吉祥鹿（油畫）王豔

▲ 傲雪（國畫）劉忠妍

　　二〇一四年九月，吉林省第十七屆全運會在東豐舉行。東豐縣委、縣政府借此機會，在東豐體育場舉辦大型綜合性展覽。參展的東豐畫院會員將自己的精品力作，展現在大眾面前，部分作品受到省市領導青睞，多幅作品引起社會公眾關注，一些會員被吉林省美術家協會吸收為會員。

　　東豐畫院會員經常在一起研討、切磋，以「它山之玉，攻自山之石」，會

▲ 春天裡的歌　黃建秀

▲ 上學路上　黃建秀

員的藝術水平均有所提高。

　　東豐畫院成立後，越來越被社會公眾所認可和重視，很多家長把孩子送來
跟隨會員學習，一批新苗在東豐這片沃土上茁壯成長。

▲　董吉斌　國畫

▲　梅花鹿（國畫）於天越　　　　　　　▲　陳玉璽　國畫

微雕

▲ 城南雕塑　騰飛

二十世紀六〇年代開始，王秉正自學微雕。他博采眾長，敢於創新，獨闢蹊徑，逐漸形成風格特異的「雙手倒像法」，被同行譽為「老怪」「奇人」。一九八六年，在不到三釐米的象牙上刻了慰問信及《十五的月亮》歌詞，共二百五十三個字。在一分硬幣國徽三毫米空白處刻下數百字歡迎英國女王伊麗莎白二世的歡迎詞。作品「世界和蘋果」「游魚季花」「蜻蜓荷花」「影人漫畫」「熊貓奔馬」等一百餘件，有些作品流傳日、韓、美、德等十六個國家和地區。一九九二年，韓國友人朴文沫專程赴東豐縣尋師求教，為其所在蔚山市慶州園林「山河風流亭」作序勒石。一九九三年，應邀參加吉林關東熱鬧節，吉林電視台、日本九州電視台曾作專訪。一九九五年，應邀參加鄭州「中華絕技博覽會」。一九九六年，王秉正被載入《中國民間名人錄》。二〇〇六年，中央電視台七頻道拍電視專題片《微雕藝人王秉正》播出。

東坡存浩氣懷慨向人間
獻微雕絕技名揚神州

▲ 王樹仁教授悼念
　王秉正先生書法

木刻

　　木刻藝術在東豐縣已有百餘年的歷史。最初，只是一些木匠在做家具、蓋房門窗、大門上面雕刻一些人物、龍鳳花鳥蟲魚和山水等圖案，主要是作為裝飾用。二十世紀六七十年代，縣內較出名的木刻匠人有黃泥河公社（現黃河鎮）的王家兄弟木匠、紅石公社（後改為秀水公社，今南屯基鎮）李木匠、大陽公社（今大陽鎮）的劉木匠、三合公社（今三合鄉）的薛木匠、那丹伯公社（今那丹伯鎮）的張木匠等。二十世紀九〇年代以後，農村蓋房很少用木料門窗，做家具的也少了，大多都購買現成的家具，這一文化工藝在農村已經不多見。近些年，以薛傑、孫德利等為代表的木刻工藝，作為藝術品，在市場上很走紅；作為工藝品，他們的作品已經在北京、上海、廣州、深圳等大城市有了市場，產品大多被作為禮品和高檔裝飾品及收藏品，在小範圍內流通，平常百姓見到的不多。薛傑的木刻手藝在繼承祖傳的基礎上，發展創新，作品更具觀賞性和藝術性。他的作品在二〇〇〇年全國藝術品大獎賽上還獲得過三等獎。二〇〇〇年，薛傑在東豐縣成立了「楚天雕刻」工藝品加工廠，專門從事以木

▲　《力量》（木刻）薛傑

▲ 《大展宏圖》（木刻）薛傑

▲ 《財運》（木刻）薛傑

刻為主的工藝品加工，每年加工木刻產品一百多件，有南方的經濟人長期與其合作，每件價格都不菲。相對於根雕，木刻更能發揮創作者的想像空間，製作加工的隨意性更大，不像加工根雕受材質造型的限制。

▲ 《東豐縣南照山山門》（木刻）

東豐「三絕」

一九八九年，吉林省文化廳下發文件稱：東豐縣的農民畫、幻燈、民間文學為「東豐三絕」。

東豐農民畫　東豐農民畫傳承一百多年。到了二十世紀七〇年代初期，以李俊傑、李俊敏兄弟為首的幾位返鄉青年學生成立繪畫小組，堅持在田間、地頭、炕頭繪畫創作。經過文化館專業美術輔導老師的輔導，邀請省、市專家指導，逐步形成了自己的風格特徵。一九八三年，參加全國農民書畫大賽，張玉豔的《幸福的晚年》榮獲一等獎成名，東豐縣文化館抓住機會推廣輔導，在全國產生影響。一九八八年，東豐縣與陝西戶縣、上海金山縣（今金山區）同時被國家文化部命名為「中國現代民間繪畫畫鄉」，形成三足鼎立之勢。二〇〇

▲ 牛羊滿山坡　張曉娟

▲ 牛氣沖天　李俊敏

八年，東豐縣又被文化部命名為「中國民間文化藝術之鄉」。二〇一〇年七月
六日，東豐農民畫被中國文聯、中國美協確立為「全國十大畫鄉之首」。從
此，東豐農民畫聲名遠播。

　　幻燈　幻燈放映技術是借鑑電影放映技術，土法研製的一種特殊放映手
段。二十世紀八〇年代，東豐縣文化館為了能夠及時準確地將改革開放成果、
農民生活日新月異變化的景象，在第一時間傳播出去，達到宣傳、教育、啟示
的目的，土法上馬，繪製出大量主題鮮明的幻燈宣傳片，在農村走街串戶持續
放映，效果甚佳，受到省文化廳和國家文化部的高度重視，迅速在全國推廣。
東豐縣文化館幻燈放映隊曾代表吉林省到江蘇、浙江、北京、湖北、安徽等省
市農村放映表演，紅極一時。

　　民間文學　東豐縣素有「神州鹿苑」的美譽。為了能將東豐縣的歷史、人
文及地理環境的特徵有機結合起來，形成自己的鹿鄉文化理念，東豐縣文化館

組織以劉豐年為首的二百八十多位民間文學愛好者，深入全縣當時的二十三個鄉鎮、二千〇一十一個自然屯，對流傳於民間的口頭文學進行普查，收集整理出民間文學作品一萬兩千一百七十三篇，約三百一十萬字。一九八七年，縣文化局籌資七千八百元，由文化館編印十三冊民間文學作品集，約一百二十萬字，一九八八年六月由劉豐年主編的《吉林省民間文學集成・東豐縣卷》出版。

一九八六至一九九〇年，民間文學社團如雨後春筍般應運而生，較有影響的文學社團有東豐鎮唐樹權發起的「五四文學社」，大陽鎮紀連生的「柳笛文學社」，橫道河鎮王有利的「牽牛花文學社」，影壁山鄉於正清的「鄉風文學社」，紅石鄉郭樹仁的「小草文學社」等十二個文學團體。在市級以上報刊發表民間文學作品九百餘篇（首），獲獎七十六件。《支支柳笛，曲曲鄉歌》《我的鋤是筆》《一個北方男兒的步履》《山裡紅，紅出山坳坳》等作品，在《吉林農民報》《農村科學實驗》《遼源日報》等報刊發表。二十世紀九〇年代後自動解散。

漫畫

　　漫畫活動興起於一九五○年，文化館設漫畫站，為街頭板報插畫，各單位板報也常插以漫畫。一九五四年，漫畫以期刊形式出十一期共七十二幅，並將已出版作品送到農村、學校、街道展出。此後三年，共出五十六期，兩百五十二幅。作者有美術工作者、教師、學生。一九五七年出刊二十六期。年底之後，主要創作者被錯定為「右派」，東豐縣漫畫活動處於低潮。直至一九七六年，漫畫活動再興，僅一年便刊發三百二十三幅，辦漫畫展，並印成活頁，複製分發給農村。

　　一九八五年三月，以徐述林為核心成立「小蜜蜂」漫畫組，為全國第二個民間漫畫組，成員有文化幹部十四人、農村青年十七人。其中，女青年十人。同年，九十多件作品發表在省內外報刊上，如《品茶》《殺雞取油》《媽媽的心》

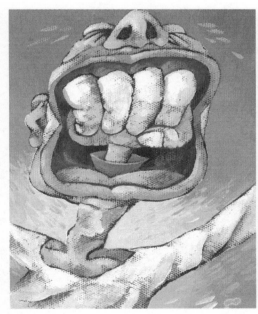

▲ 怒放

▲ 最後一擊

《加減法》等。在吉林市舉行的「全國計劃生育漫畫大賽」上八件獲獎作品中，本縣占兩件。同時，省市報刊、省電視台、中央電視台對「小蜜蜂」漫畫組予以介紹。

一九八六年後，呂延春的漫畫走進人們的視野，他創作的兩千餘件作品中，五十多件獲國內、國際獎項，十餘件被中國浦華美術館、韓國大田美術館收藏。

漫畫發表情況表

作　品	作　者	時　間	刊物名稱
搬　家	徐述林	1956 年	《吉林日報》
二老解謎	徐述林	1984 年	《遼寧省農民畫報》
北國風情	徐述林	1985 年	《小辣椒》
（《貴州日報·副刊》）			
樹大招「瘋」	徐述林	1985 年	《中國農民報》
絕　技	徐述林	1985 年	《黨員之友》
武大郎賣酒	徐述林	1985 年	《吉林農民報》
又漲價了	段延民	1985 年	《中國農民報》
二十年後的徵婚啟事	段延民	1985 年	《計劃生育報》
想通了	劉春英	1985 年	《吉林市計劃生育報》

▲ 新編司馬光砸「缸」

▲ 廉政準則漫畫

酸甜苦辣	徐述林	1985 年	《吉林青年》
我為什麼進不去	劉春英	1985 年	《吉林市計劃生育報》
轉的作用	馮啟奎	1985 年	《吉林青年》
兒子謎	馮啟奎	1985 年	《吉林市計劃生育報》
媽媽的心	劉青梅	1985 年	《吉林市計劃生育報》
水火不留情	劉青梅	1985 年	《吉林農民報》
拋繡球	劉青梅	1985 年	《吉林日報》
孩子的媽，你	劉青梅	1985 年	《計劃生育報》
加　法	於世清	1985 年	《計劃生育報》
咱老漢也在這留個影	於世清	1985 年	《小辣椒》

（《貴州日報·副刊》）

自　捧	於世清	1985 年	《吉林日報》
品　茶	於世清	1985 年	《吉林農民報》
擺在日曆上	於世清	1985 年	《計劃生育報》
誰說公雞不下蛋	於世清	1985 年	《工人日報》
受災之後	聞紅書	1985 年	《吉林農民報》
守財奴故事	聞紅書	1985 年	《吉林農民報》
聽不清楚	聞紅書	1985 年	《小辣椒》

（《貴州日報·副刊》）

▲ 國球少帥劉國梁漫畫像

▌攝影、攝像

　　攝影藝術的興起是在改革開放之後，以吳連江、王永剛為代表的一批攝影藝術愛好者漸漸地走進人們的視線。他們用鏡頭記錄下生活的瞬間，把美好和往事帶給社會，給人們留下難忘的記憶，給歷史留下嶄新的一頁。一九八六至二〇一三年，東豐縣攝影愛好者近五十餘人，在不同時期拍攝作品分別獲得國家和省級獎勵。其中，王永剛的《甜》、系列作品《滿員》獲國家級三個二等獎、三個三等獎、一個一等獎；一九九一年，他拍攝的《採藥翁》獲國家級一等獎；吳連江創作的《枝頭唱晚》獲「東北三省攝影展」三等獎；薛殿中創作的《機房晨曲》獲省級二等獎；王晶創作的《農家娃》獲省級優秀獎。

　　二〇〇三年，攝影作品《倦鳥失巢》榮獲「全國環境與人攝影書畫大賽」

▲ 祁巍入選「吉林省首屆白山松水攝影作品」《稻草人》系列

▲ 歡喜　任曉東

特等獎；二○○八年，攝影作品《龍的故鄉》榮獲吉林省第十八屆攝影藝術展
三等獎；二○一二年，攝影作品《稻草人》系列入選吉林省首屆白山松水攝影

▼ 鹿鄉夜景　吳連江

▲ 喜悅　谷春平

▲ 錦上添花　李貴

▲ 犁　王晶

▲ 豐收景　谷春風

雙年展個人作品展。二〇〇九年，電視紀錄片《神州鹿苑》和《拯救黑土地》分別榮獲中國廣播電視協會改革開放三十年贊禮優秀紀錄片銀獎、銅獎，並榮獲吉林省電視協會社交類專題片一等獎；同年，紀錄片《長風展卷鹿鄉春》被評為中國廣播電視協會第三屆「記錄·中國」優秀節目。

　　人物消息《我與我的祖國同行——農民畫家李俊敏》在央視一套《新聞聯

▲ 輝映　周晉軍

播》中播出，時長為一分五十九秒，並上了新聞提要，是我縣首次在央視新聞聯播中播出最具影響力的好新聞。二〇一〇年，城市形像片《東豐——中國農民畫之鄉》和《東豐——中國梅花鹿之鄉》在央視財經頻道滾動播出三個月，每天播出六次，被評為年度縣域經濟形象最佳宣傳片，極大地提升了東豐縣梅花鹿、農民畫在全國的品牌宣傳力度；同年，紀錄片《鄉村月老》、《泥人王》作為優秀專題片在吉視鄉村頻道不同時段多次播出。二〇一二年，宣傳片《丹青彩繪鹿鄉情》榮獲中國電視藝術家協會「首屆全國市縣形象電視宣傳片好作品獎」。目前，東豐縣攝影、攝像愛好者有一百餘人。

魔術

　　東豐縣民間從事魔術活動人員雖然不多，但這項活動很受群眾喜愛。一九八八年，東豐鎮居民馬國臣自費創辦「民間魔術藝術團」，並多次在公共場所、廣場進行魔術和氣功表演。一九九三年，吉林省舉辦「關東熱鬧節」，馬國臣赤腳踩著鋒利刀刃，雙手各提一桶水，口中叼一桶水，穩穩站在刀鋒口上，贏得「吉林省民間絕技高手」稱號。一九九六年，在山西太原「中國民間絕技藝術表演」博覽會上，他用喉部的功力將一端頂在地上，堅硬鋼筋頂成了弓狀，獲大會「民間絕技藝術表演高手」稱號，入選《中國民間名人錄》。

▲ 1996 年，馬國臣在山西太原「中國民間絕技藝術表演」博覽會上表演　　▲ 馬國臣表演雙桶變水

▲ 馬國臣表演飛杯　　　　　　　▲ 馬國臣表演空手變錢

▌民間嗩吶

嗩吶俗稱喇叭。清光緒三十四年（1908年），海城人姚鳳林（綽號「姚一吹」）在東豐縣城內辦「祥樂」鼓樂班，成為東豐縣第一個民間嗩吶班子。清宣統元年（1909年），海城人黃文喜在黃泥河辦「勝泰」鼓樂班、河北遵化人林乃昌在五道崗辦「昌吉」鼓樂班，嗩吶、鼓樂開始在東豐縣民間盛行。清宣統三年五月，三戶鼓樂班在東豐縣城南門外搭綵棚三座，對棚比藝三天。民國二年（1913年），東豐縣城內有四家、農村有五家鼓樂班。二十世紀三〇年代初期，于大發、劉德等鼓樂班在本縣和鄰縣頗負盛名。舊社會嗩吶藝人多僱傭於秧歌或婚喪嫁娶，藝人地位卑下，有「是人不當吹鼓手」的鄙稱。嗩吶有單、雙、長、短之分，雙管多用於「卡戲」，模仿各種戲曲的唱腔；長桿多用

▲ 嗩吶演奏

於喪事，曲牌有「大悲調」「哭靡子」等，音色深重低沉，曲盡人間悲感；短桿多用於婚娶、生子、災後餘生，曲牌有「四喜牌」「迎親曲」等，聲韻昂揚洪亮，為秧歌伴奏的則有「將軍令」「句句雙」等曲牌。吹法分嘴吹、鼻吹兩種，鼻吹即將一膠質軟管一端導入鼻腔，一端連接嗩吶簧片

▲ 農民畫　吹嗩吶

上，另一端直接將簧片納入鼻中，將軟管套在嗩吶桿上。兩者皆由鼻息翕動簧片，發出聲音。

新中國成立後，婚喪習俗改革，藝人改業，只有節日為秧歌伴吹。「文化大革命」時，藝人備受摧殘，工尺譜、嗩吶被毀。

一九八一年，邢家鼓樂班參加四平地區藝術館獻藝，獻出二十八首傳統曲目，其中三個曲子收入《吉林省鼓吹樂選編》。

一九八二年，文化館辦兩次嗩吶學習班。一九八五年，遼源市文化局在東豐縣舉辦省內首屆「鼓樂班對棚」會演，本縣五名藝人獻出一百六十四首傳統曲子，其中有明、清時代曲子四十八首。吉林電視台來縣錄像後向全省播放「對棚」實況。

二〇一一年，文化館在恩泉山莊辦嗩吶培訓班，培訓六十多名來自各鄉鎮農村文化大院嗩吶藝人，為農村文化大院的秧歌表演服務。

二十世紀八〇年代後，三合鄉東勝村劉作勤、劉作林兄弟組建鼓樂班子。二〇〇〇年，浙江衛視《中華競技大擂台》節目來東豐錄製節目，劉家班子獲嗩吶吹奏表演獎。二〇〇一年，大陽鎮安樂村陳貴俊的鼓樂班子嗩吶演奏分別在吉林電視台《農村俱樂部》、省廣播電台舉辦的春節晚會上演出。二〇〇三年春節，南屯基鎮的關家鼓樂班子應邀赴遼寧電視台演出。目前，全縣民間鼓樂班子有二十餘個。

民間太平鼓

俗稱「燒香」、「跳單鼓」，是一種歌舞兼備，以鼓擊節流行於民間的巫舞。新中國成立前，在東豐縣農村很盛行。

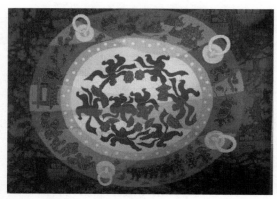
▲ 東豐農民畫　手鼓

太平鼓在夜晚舉行，分三排鼓：頭排鼓，兩人下場，領舞頭戴狀似僧帽的神冠，身著多褶裙，腰繫生豬皮做墊，上排二十一只圓筒狀腰鈴，手執驢皮蒙製、一端綴有成串銅錢（或把手下有三個鐵環，鐵環上各串三個鐵圈）的圓鼓，婆娑起舞，唱腔婉轉，鼓聲和諧。四十分鐘後，休息片刻。二排鼓開始，下場四人，兩人執小鼓，兩人擂大鼓，一唱三和，鼓點為「鳳凰三點頭」、「二龍戲珠」等。舞步有「四面斗」、「別杖子」、「五股穿心斗」等。又四十分鐘後，稍事休息即進行三排鼓，兩面大鼓立一邊，領舞執小鼓在場內起舞。時屆夜半更深，鼓聲激越，唱腔轉高亢，舞步花樣層出，趨向高潮。舊社會東豐縣太平鼓活動以猴石鄉新陽村「慈善班」最為紅火，領頭人富憲章，手下五六人，每年活動三十餘次。

新中國成立後，由於唱詞內容多屬封建迷信，此項活動被禁止，但其舞蹈動作曾出席省級會演。

民間地方戲

東豐縣地方戲主要是歌舞戲曲兼備的「二人轉」，前身即「蹦蹦」。演出人員少，形式活潑，唱腔火爆，伴奏簡單，盛行在農村。劇目以歷史故事、民間傳說為主。舊社會，縣境南北均有自由結合的「高粱紅」唱手，於節日、農閒時沿鄉獻藝。

一九四九年前後，以「二人轉」為主要演出形式的業餘劇團，遍布各區、村。一九五九年九月，原東豐鎮地方戲隊改為東豐縣地方戲隊，演職人員十五人，開始革除老段子中粗俗、落後部分，演唱新段子、新劇目。一九六〇年，去瀋陽等七個大、中城市演出，載譽歸來。一九六四年，地方戲開始上山下鄉為農民演出。次年，文藝隊伍整頓，地方戲隊被解散。不久，「文革」中，傳統劇目《回杯記》、《楊八姐遊春》等群眾喜聞樂見曲段被誣為「黃色低級劇目」而嚴禁人們淺唱低吟。

▲ 唱蹦蹦（東豐農民畫）

一九七九年，地方戲劇團重建，招收三十五名學員。一九八一年，地方戲演出傳統劇目《楊八姐遊春》《馬前潑水》《豬八戒拱地》，新劇目《葡萄姻緣》《分紅的前一天》《正門風》，演出突破舊時套用曲牌即興伴奏慣例，實行全譜化伴奏，重點樂句採用二聲部；樂器從簡單的嗩吶、板胡、鼓等發展到有西洋管絃樂器加入。同年，全縣出現爭看地方戲熱，大型會議餘興、節假日各種慰問演出，均有地方戲專場。地方戲已成為城鄉咸宜、雅俗共賞的戲曲形式。

　　二十世紀八〇年代後，農村相繼自發組建小劇團，成員十五人左右，農忙時節務農，農閒時節演戲。以二人轉形式為主，走村串屯，頗受歡迎。傳統劇有《馬前潑水》《回杯記》《豬八戒拱地》等，現代劇目有《二老改嫁》《傻子相親》等。二〇〇二年，小劇團發展到七個，較有影響的有仁合鄉張小波二人轉小劇團、猴石鎮王鐵二人轉小劇團和南屯基鎮南福興程老五二人轉小劇團。

　　一九八五年，地方戲團與評劇團合併。

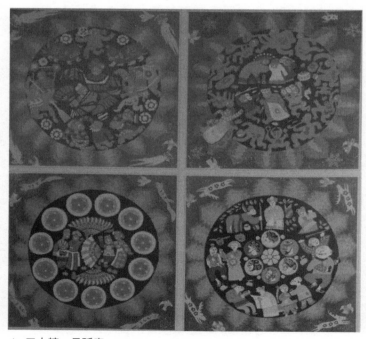

▲ 二人轉　呂延春

評劇

　　清宣統二年（1910年），東豐縣令倡議建戲樓。民國五年（1916年）四月，中合花園邀角開演京劇，不久因「日得微利，僅能餬口，節屆隆冬，藝民赤身露體」請求歇業。一九一九年三月，東豐鎮居民劉守田等組織興豐茶社，在宜春裡以南搭蓋席棚，邀坤旦名角主演京劇。一九二二年冬，民間人士胡榮久又在縣城東門裡組織文明茶園，主演京劇、梆子。一九二九年，天津人范華堂在縣城開設洛子園，演出平式新劇（評戲）。

　　新中國成立前，東豐縣民間、官方一向無固定戲班，以接外地生旦名角為主，配以本地「包底」。劇目良莠雜糅，多為宣傳封建道德、渲染迷信色情等荒誕淫穢故事。觀眾以富家、商賈、兵勇、市民為主。由於主戲捐苛重，股東盤剝，錢法毛荒，戲劇活動時興時衰。一九一五至一九三一年十七年間，戲樓易主二十三次，又兼政府以「治安」為由，嚴控戲班下鄉演出，藝人生活窘迫。農村群眾只能在祈雨酬神時，看到戲劇表演。一九四〇年，宜春裡劇院拆除。次年，易地建用木桿搭、高粱秸壘、泥巴糊的「箭桿」樓。一九四八年，拆掉「箭桿」樓，在原址建木板樓，改名為「東豐劇院」，主要演員仍去外地

▲ 1969年東豐縣劇團到鐵合金廠演出照片

▲ 1971年東豐縣劇團演出《沙家浜》劇照

▲ 1977年東豐縣劇團演出《南京路上好八連》劇照　▲ 1978年東豐縣劇團演出《洪湖赤衛隊》劇照黃晶石飾演韓英

邀聘。一九四九年三月，成立「東豐工農劇團」，次年與縣委宣傳隊合併，改為「人民劇院」。一九五三年九月，與遼源市評劇團合併，改稱東豐評劇團，演職人員約四十人。

　　一九五四年，評劇團去瀋陽接女主角袁鳴鳳來東豐。同年，完成《相思樹》、《張羽煮海》等八台大型布景，突破三桌六椅古板擺設程式。一九五七年，九雲童（原名姜松岩）、劉金聲（綽號：東北一聲雷）、秋虹雲（原名鄒素雲）等名角來團，自此，評劇團生、旦、淨、末行當齊全，並開評劇演武戲先例。劇團曾先後去瀋陽、長春等大城市演出，兩個月不重戲，場場爆滿。演出劇目有《柳蔭記》、《碧玉簪》、《井台會》等四十七齣，保留劇目有《小二黑結婚》、《沉香扇》、《三節烈》等二十三齣。一九五九年，經省批准為國營劇團。一九六一年，改革唱腔，評劇老生唱腔借鑑京劇、梆子、影調等某些唱法；生腔使用搭調、反調、哭糜子腔和慢板。同年，評劇配有專職作曲人員，音樂按曲譜規範伴奏。

▲ 深受農民歡迎的東豐評劇團　　　　　▲ 歌舞《大麗花》

　　一九六二年，評劇團相繼又來名角楊雲（綽號：東北著名小丑）、王春華、孫松峰，編劇兼導演趙鵬，編曲姚大本，評劇團處鼎盛時期，並開始上山下鄉送戲。一九六四年元宵節，先後組建兩個「扁擔隊」走鄉串隊演出，一九六五年止，行程三千多公里，在二十二個人民公社，兩百〇一個生產大隊每年演出一百六十場，連續三年獲省文化廳嘉獎。「文革」初期，劇團傳統服裝、道具列為「四舊」，部分被燒燬；演員為帝王將相、才子佳人的代言人，勒令下農村、上幹校，評劇活動被迫中止。一九六八年十月，在評劇團原址先後組建「東豐縣三代會毛澤東思想宣傳隊」「東豐縣文工團」。因籌排京劇《青松嶺》劇目工作需要，抽調長春電影製片廠下放到東豐縣勞動改造的老藝術家雷振邦、張天民、張笑天、尹一青、林農等，參與編劇、作曲、導演工作。幾個月後，長春電影製片廠的幾位老藝術家相繼離團，著名作曲家雷振邦是最後一個離開，《青松嶺》劇目最後流產。這期間，省藝術學院也相繼分配來幾位高才生，如陶麗君、

▲ 2011 年東豐評劇團為農民演出場景

余振南、曹廷喜、何松蘭、楊雲甫等。當時代表劇目如《紅燈記》《沙家濱》《還是當年大老王》《小鷹展翅》《十月春風傳喜訊》《常青指路》《戰船台》《霓虹燈下的哨兵》《楓葉紅了的時候》《洪湖赤衛隊》等。

　　一九七八年七月，東豐縣評劇團恢復。一批老評劇團演職人員落實政策參加工作。黨的十一屆三中全會之後，東豐縣評劇團的傳統劇目和現代劇目恢復，如：《李雙雙》《小女婿》《秦香蓮》《白蛇傳》《呂布戲貂蟬》《萬花船》《唐知縣審誥命》《六月雪斬竇娥》等恢復演出；同時又創作排演了一批有新意的現代劇目，如：《於無聲處》《張志新》《梅花案》《新來的副官》《救救她》《家庭公案》《誰知罪》等。

　　隨著改革開放的進一步深入和電視在家庭的普及，舞台藝術的發展已不占優勢。為此，東豐縣委、縣政府決定將「東豐縣評劇團」與「二人轉地方戲隊」合併，目的是精簡機構，整合優勢，變單一劇種為多功能藝術團體，更好地為城鄉百姓服務。這個時期產生了大量的創作劇目，並創作大量代表劇目，其中有：《葡萄姻緣》《王熙鳳戲賈瑞》《江姐》《飛吧，海燕》《小寡婦上墳》《名妓與皇帝》《夫妻鬧夜》《一枚戒指》《老兩口爭燈》《盤妻頂鍋》《裸女風流》《小車上路》《狗事生非》《鬧豬場》《住店》等。

　　二〇一二年八月，根據國家文化體制改革總體部署，東豐縣評劇團轉為國企，成立「東豐縣藝術團有限責任公司」。

第六章

文化風俗

　　東豐縣建縣雖然只有一百多年歷史，但這裡有人類活動可追溯到五千年前，又是昔日「皇家圍場」所在地，文化底蘊深厚，獨具地方特色。高姓感恩祭祖傳統、張姓傳世祖訓、魏姓恭緬恩師、六月六吃玻璃葉餅、端午節登山等，都是地方獨有的傳統文化，成為當地民間的重要傳統文化活動和文化風俗。

▲ 奔鹿圖

高姓感恩祭祖

　　東豐縣高姓的一支是明朝洪武初年遷至登州府，清朝光緒年間被朝廷從小雲南（即山東登州府）撥民撥來的。這支高姓人有這麼一個風俗，即除夕的夜半時分，都要發紙，就是在院子裡，架起木材大火，地上放張桌子，擺好供品，然後燒紙、放鞭炮，接著全家老小都要向南磕頭。在發紙的過程中，要把餃子揚到外邊。但這支高姓包餃子有特殊的規矩：這就是用豆腐做素餡，不用肉和油，只包九個，供奉一段時間後，揚到外邊去，意思是給一位老祖先爺吃的。

　　包豆腐素餡餃子供祖的家俗，是有來歷的。

　　古時候高姓的一家住在靠海邊的一個島子上。這是哥倆，老二已經婚配，且膝下有一個小子，老大沒成家。老二兩口子很勤勞，心眼兒也好，以務農為生；老大呢，無拘無束，好吃懶做，最愛賭博。老二夫妻倆勸止不了，但每逢大哥從外邊回來，不管早晚，老二媳婦總是恭敬地把熱飯菜端上，讓大哥吃，並常常為大哥洗衣服。

　　這一年過年的三十晚上，老大吃了晚飯，又出門去了，一夜未歸。等到初一、初二、初三……老二兩口子到處尋找、打聽，都沒有音訊。老二夫妻倆很傷心，怨恨自己對大哥照顧不周，每次想起大哥，就落淚不已。

　　歲月不知不覺地過去了兩年。這一年的大年初一清晨，天還沒亮，老大忽然回來了。老二兩口子高興得熱淚直流，急忙請大哥上坐，然後給拜了年，老二媳婦就準備飯菜去了。老大阻止

▲ 高家莊田園風光

道：「我不吃了，你們不用忙活了，你們的心思我知道。這兩年我在外邊學好了，遇到了神仙，生活比你們好。我這趟回來就是專門來救你們的。」夫妻倆說：「我們日子過得太平的，也沒什麼天災病熱的。」老大說：「天下太平到一定時候就不太平了，不是天災就是人禍。眼下，咱們住的這個島子就要沉到地下去，這個地方也要變成大海啦。」老二夫妻倆一聽哭了起來：「天哪！我們往哪走啊？」老大說：「你們別急別怕，找一根高粱稈來。」老二急忙弄回來幾根高粱稈，老大只用半根，掰扒掰扒做了一個小船模型，樣式很精美，交給老二，說：「你們把船放到海裡，坐上它，放心走吧，保證能到好地方。」老二兩口子心中不信，但還是把值錢的東西打成兩個包，有依戀不願離開之意。老大催促說：「快走！快走！晚了就走不了啦。」老二兩口子哭拜道：「那大哥呢？」老大說：「不用管我，我自有去處。你們要是想我的話，以後每到年三十發紙的時候，就包九個豆腐餡的餃子放到外邊，我就回來吃了。」說完，老大飄然而去。老二兩口子半信半疑，一個抱著孩子，一個背著包裹，帶著高粱稈小船，來到海邊上。剛放到海裡，迎風一晃，高粱稈船立刻變成了一隻大木船，十分壯觀。兩口子帶著小孩、包裹，急忙上了船。剛剛站穩，就聽著天崩地裂一聲巨響，回頭看去，自家住的那個島子已經沉到地下去了，那個地方變成了一片汪洋大海。兩口子又驚又悲又喜，感嘆不已，遂坐到船裡，任風吹船漂流。飄了兩天，船靠了岸，兩口子抱著小孩，拿著包裹下了船，一打聽，已是山東地界。從此，這老二一家就在這裡定居下來。

以後，每逢過年，這支高姓人家都要包九個豆腐餡餃子，來紀念這位拯救高姓的祖先爺。

▲ 關東童謠（東豐農民畫）余江濱

張姓傳世祖訓

　　東豐縣一支張姓第十七代傳人張會清等宗親，仍將清代祖上廣東省中山鎮流傳的張公藝《百忍歌》，作為家族修身、修心、修為之規範而傳承。尤其清河張氏，把《張公‧百忍歌》當為祖訓，世代相傳，每家廳堂鄭重懸掛一匾「百忍流芳」，油漆鎏金，十分壯麗。它雖為張氏家訓，而其他各姓實際也在流傳誦讀，在小小的地域環境中竟成為百家各姓的和睦之道。《百忍歌》通俗易懂，談古說今，雖非盡善盡美，但在處理睦鄰、人際關係、家庭問題上，起著一定的調節作用。《百忍歌》還是個人修身的一種準則，反映了人生的一種境界，激勵家庭成員成為優秀成員，由此也可知《百忍歌》是客家人性格養成的一個折射，也體現了家訓文化中重要的一頁。《百忍歌》所說的「忍」，屬於精神養生中的調神法，即在遇到不良情緒時，要提倡「理智」，注重「修養」，掌握自己，控制情緒。如果不控制情緒，任其放縱，不但周圍的人受不

▲ 張家屯的秋天

了，而且對自己的身體也極為有害，小則身體患病，大則危害生命。因此，暫時「忍一忍」亦是有積極意義的。此《張公·百忍歌》哲理性極強。

　　百忍歌，歌百忍；忍是大人之氣量，忍是君子之根本；能忍夏不熱，能忍冬不冷；能忍貧亦樂，能忍壽亦永；貴不忍則傾，富不忍則損；不忍小事變大事，不忍善事終成恨；父子不忍失慈孝，兄弟不忍失愛敬；朋友不忍失義氣，夫婦不忍多爭競；劉伶敗了名，只為酒不忍；陳靈滅了國，只為色不忍；石崇破了家，只為財不忍；項羽送了命，只為氣不忍；如今犯罪人，都是不知忍；古來創業人，誰個不是忍。百忍歌，歌百忍；仁者忍人所難忍，智者忍人所不忍。

　　思前想後忍之方，裝聾作啞忍之準；忍字可以走天下，忍字可以結鄰近；忍得淡泊可養神，忍得飢寒可立品；忍得勤苦有餘積，忍得荒淫無疾病；忍得

▲ 歲月的記憶

骨肉存人倫，忍得口腹全物命；忍得語言免是非，忍得爭鬥消仇憾；忍得人罵不回口，他的惡口自安靖；忍得人打不回手，他的毒手自沒勁；須知忍讓真君子，莫說忍讓是愚蠢；忍時人只笑痴呆，忍過人自知修省；就是人笑也要忍，莫聽人言便不忍；世間愚人笑的忍，上天神明重的忍；我若不是固要忍，人家不是更要忍；事來之時最要忍，事過之後又要忍；人生不怕百個忍，人生只怕一不忍；不忍百福皆雪消，一忍萬禍皆灰燼。

宗族字輩起名

　　字輩，是一個同宗家族的印記，是血緣親情的鏈條，是完整家譜不可或缺的部分。字輩，又稱字派、班次。它是一個宗族或者家族用來區別長幼次序、決定尊卑、明確稱謂的重要標誌。即用一些不重複的漢字，按順序排列起來。在一個家族中，同輩之人共用其中的一個字，嵌在自己的名字中，一代一代依次推移。這樣，長幼有序、班次分明。否則，會造成尊卑不分、長幼不辨、稱謂不明、後輩人與前輩人重名等現象。

　　按照字輩起名，是一種常見的取名方式，也是民間的重要習俗。我國以字輩命名的文化現象起源很早。魏晉南北朝時期，一些優越的大族子弟，競相以字輩命名。有些是兄弟共享某些漢字作為名字的偏旁，有些則是同輩人分別使用某些相近的字作為輩分標誌。顯然，這些已具備字輩性質。我國較為嚴格和系統的字輩取名習俗，完善於宗族制度高度發達的宋朝以後。為了便於區分長幼尊卑，一些家族在修譜時，率先採用編定一首寓意深刻的四言詩、五言詩、七言詩或對聯，族人命名時，按輩分高低，依次選用一字命名。

　　正式的字輩，應起源於宋朝。當年，宋太祖趙匡胤，為其後代規定十三個字輩，同自己的「匡」字一起，共十四個字，構成一副對聯：「匡德惟從世令子，伯師希與孟由宜。」這是人們見到的最早的、正式的字輩。明清以後，上至皇室顯貴，下至黎民百姓，甚至僧尼道士，都以字輩命名。清朝愛新覺羅皇室從康熙朝起取名的字輩為：胤、弘、永、綿、奕、載、溥、毓、恆、啟、燾、闓、增、祺。

　　按字輩取名時，所用的字輩譜，一般是由祖宗或飽學之士在修家譜時選定。大多數字輩譜，其意均為修身齊家，治國安邦，吉祥安康，興旺發達。也有一些字輩譜是按陰陽五行編定的。近現代城鄉許多地方，均有字輩命名習俗。這種命名的基本方法是，採用「姓+字輩+名」格式，不同姓氏和不同支派

▲ 解家村山水

的人，各從本家族所使用的字輩譜中，一次選用一字，作為自己的名字。

　　東豐縣是個移民縣份，隨著山東、河北等地闖關東大潮興起，人們紛紛來到盛京圍場，開荒斬草，興家立業，按照字輩起名的民俗，也隨之帶到東豐縣。東豐縣民間使用字輩譜的家族比較普遍。一些較大家族，均有家譜或字輩譜流傳於世。例如從山東曲阜遷到東豐的孔子、孟子、顏子、曾子後裔，仍繼續使用原定字輩譜：「希言公彥承，宏聞貞尚衍。興毓傳繼廣，昭憲慶繁祥。令德惟垂佑，欽紹念顯揚。」再如：小四平鎮解氏家族，祖籍山東省萊陽縣。解忠良清朝末年來到東豐縣。清宣統二年，解安邦纂《解氏家譜》，擬定字輩「賢智勇，忠信讓，恆積德，慶長春」。東豐鎮高氏家族，祖籍山東省登州府海陽縣，後遷到遼寧省莊河市青堆子鎮，再遷到東豐縣，字輩是「作德秉忠正，為仁富有榮，丕振貴繼序，永世慶昇平」。再如東豐縣欒氏家族，祖籍山東省蓬萊縣南王莊欒家胡同。清朝末年，其先祖欒旭攜家遷到東豐縣下場集（今黃河鎮）。民國初年，遷到東豐縣城。欒氏字輩是「景善光明煥，運啟承

克培」，至今仍在使用。

東豐縣是個多民族的縣份。滿族、回族、朝鮮族都有按照字輩起名的習俗。大陽鎮得勝村赫氏家族，滿姓赫舍裡氏，後改為赫氏。赫氏字輩為「德承吉林貴崇榮，英明景會樂輔清。忠良維國安全志，世守純真保泰平」。

按照字輩起名，形式有所不同。有的家族一輩三個字，一輩兩個字，交替進行。例如楊木林鎮城子村劉氏家族，就是這樣。字輩在名字中的位置也各有不同，有「起落」之分。「起」就是名字的第二個字為輩字，「落」就是名字的第三個字為輩字。「落」，也有人稱為「落底」、「落下」。例如東豐縣賈氏字輩中，有「卿」字，落下，於是就起名「慧卿、俊卿、麗卿」等。劉氏字輩中，有「山」字，落下，起名「金山、明山、萬山、青山」等。

字輩的使用分「轉宗」和「流宗」兩種。所謂「轉宗」，就是某個時期所列的字輩用完，又回過頭來，從頭使用原來的字輩，這樣後代子孫又用祖先用過的派字起名，祖宗的名字很可能又成了子孫的名字。所謂「流宗」，則是派

▲ 高氏家族居住的小山村

字用完後，家族長者又新續字輩，往後流傳，只要族人都按字派起名，除同輩人之外，子孫不可能與祖先重名。在近親族群中，只要都用規定字輩起名，素不相識的宗親見面後，只要互道姓名，馬上即可以明確其尊卑、長幼和稱呼，便於溝通感情，促進家族和諧。因此，民間多用「流宗」，很少用「轉宗」。用字輩譜起名，是我國傳統文化的一朵奇葩，也是家族文明史上的一大進步。

端午節登山習俗

　　中華民族在幾千年的發展過程中，形成了許多古老的傳統佳節，這些節日從各個層面反映出悠久的文化傳統。同時也通過各種節日活動，體現出人民物質生活和精神生活的特色。

　　端午節是農曆五月初五，也叫「端陽節」「五月節」。傳說是紀念戰國時代偉大愛國詩人屈原的傳統佳節，故又稱「詩人節」。在東豐縣是一年中最為熱鬧的節日。而端午節到南照山進行登山踏青活動，已成為東豐的地方文化傳統風俗。每逢這一天，從天剛剛亮，到上午九時左右，為登山最多者，一般為城裡人和近郊農民，老幼傾城出動，約十萬人。上午九時後至下午五時，以農村進城登山者為多，約八萬人。下午五時至晚十時，以縣城人為主，約六萬人。

▲ 南照山下絡繹不絕的登山人群

那麼，東豐人為啥有端午節登南照山的習俗呢？相傳很久以前，在南照山制高點處的狐仙堂住著一個老神仙，老神仙有保人世間平安和健康的妙方。每逢端午節這一天，山下的人們都早早來到這裡，祈求老神仙保一家平安，身體健康，不得病。據說，凡是端午節這一天來這裡祈求老神仙保佑的人，一年裡都是家人平安，身體健康，不得病。久而久之，山下的人們就有了端午節登山祈求老神仙保佑的習俗了，一直流傳至今。

　　南照山是一條東西走向的山脈，如同天然照壁一樣矗立於縣城南邊，「南照山」之名也就源於此。山上建有烈士陵園和兒童樂園。近幾年又修建了總長近三千米的木棧道。在東豐是一處自然與人文景觀相結合的最佳遊覽點。

　　端午節時逢盛夏，廣大農村春播、插秧已完畢，正是農閒時節，城裡上班的人則放假一天。所以每年端午節，縣城及鄰近鄉鎮來南照山踏青的人都多達十幾萬。一般在早晨兩三點鐘人們就開始上山。天亮以後山上山下人聲鼎沸，登山踏青活動達到高潮。很多父母首先將孩子帶到兒童樂園區玩，那裡面有鞦韆、滑梯、轉盤等玩具，在花紅柳綠的端午佳節，園內充滿了孩子們的笑聲，為節日增添了歡樂氣氛。其他上山的人們則邊購物邊沿水泥路和木棧道向西行走，一直到南照山的最高點仙人堂。

　　而山上的道路兩旁，小商販們早在前一天晚上就擺好了攤位，所賣的都是與端午節傳統特色有關的食品、物品，琳瑯滿目。主要有粽子、涼糕、煮熟的雞鴨鵝蛋、香囊、五色線、彩色紙葫蘆等。

　　粽子，由來已久，花樣繁多。包粽子的傳統形式為三角形，一般根據內瓤命名。包糯米的叫米粽，米中摻小豆的叫豆粽，摻紅棗的叫棗粽。因棗粽諧音為「早中」，過去讀書人參加科舉考試的當天早晨都要吃棗粽，意在讀書的孩子吃了可以早中狀元。至今在東豐縣還保留有參加考高中、大學的學生在考試的當天家長為其做早粽的習慣，端午節吃粽子已是中國人民的一大傳統風俗。

　　端午節家家都要煮很多雞鴨鵝蛋，有趣的是這些蛋還染上了顏色，鮮豔誘人，說是吃這樣的蛋能給人帶來好運氣。所以小商販們在此邊煮邊賣的雞鴨鵝

▲ 南照山下大沙河夜景

蛋也少不了要染上顏色。

　　傳說端午節小孩要佩戴香囊有避邪驅瘟之意。這些隨身攜帶的香囊都製作得非常精緻，囊內裝有硃砂、雄黃、香料，外包以絲布，清香四溢，再以五色絲線弦扣成索，做各種不同形狀，結成一串，形形色色，玲瓏可愛，成為端午節特有的民間藝術品。而現在有很多青年男女還用香囊來表達愛意。

　　中國古代以五色為吉祥色。端午節清晨來到南照山，各家大人們便在此買五色線拴於孩子手腕、腳腕、脖子上。繫線時，禁忌兒童開口說話。據說，戴五色線的兒童可以避開蛇蠍類毒蟲的傷害；但五色線不可任意折斷或丟棄，只能在夏季第一場大雨或第一次洗澡時，拋到河裡。這意味著讓河水將瘟疫、疾病沖走，兒童由此可以保安康。

在端午節來南照山的人們自然還把採艾蒿作為踏青的重要內容之一。民諺說：「清明插柳，端午插艾。」過去在端午節家家戶戶都要打掃庭院，以艾蒿插於門楣，懸於堂中。現在農村很多地方還保持著這一傳統習俗，而城裡的人大多數都住上了高樓大廈，但端午節也要將採來的艾蒿插在樓宇門上方或自家窗前以避邪驅瘴。

因葫蘆的形狀很像數目字八，而八又與漢字「發」諧音。端午節上山時買幾個彩紙葫蘆，拿在手裡也可增加節日的喜慶氣氛，帶回家後掛到廳堂中也是很好的裝飾品，同時還預示著年年大發之意。

仙人堂是南照山的主峰，許多人一路步行來到這裡，就將所帶的食品都拿出來擺在地上再次聚餐。雄黃是一種藥材，據說能殺百毒。所以在端午節時，人們將雄黃泡在酒中飲用，同時在小孩的耳朵、鼻子、腦門、手腕、腳腕等處抹上雄黃酒，說是可以使蚊蟲、蛇、蠍、蜈蚣、壁虎、蜘蛛等不上身。聚餐時有些人還即興吹拉彈唱一番，並錄像或拍照。這是人們在陶醉於大自然懷抱當中的同時，還要將在南照山上迎端午的最美時光長久地保存下來。

▲ 天然氧吧──東豐縣南照山茂密的森林

六月六吃玻璃葉餅

「六月六」節在我國已有悠久的歷史了，它主要是漢族和布依族人民的傳統佳節，但關於節日的傳統卻有多種說法。據清乾隆年間李節昌纂的《南龍志‧地理志》記載：「六月六栽秧已畢，其宰分食如三月然，呼為六月六。漢語曰過六月六也。其用意無非禳災祈禱，預祝五穀豐盈……」

還相傳在春秋戰國時期，晉國卿（卿：官職，相當於丞相、總理）狐偃驕傲自大，聽不進良言相勸，氣死親家趙衰。那年，晉國遭災，狐偃外出放糧，說好六月六回家過壽。女婿決定乘狐偃祝壽之機刺殺丈人，以報父仇。女兒得知此事，便跑回娘家報了信。狐偃放糧歸來，看見民間疾苦，後悔當初未聽親家忠告，痛恨自己做錯事情，不但不怪罪女婿，還當眾承認了自己以前的錯誤。此後每年六月初六，狐偃必將女兒、女婿接回家中團聚。這一佳話傳到民間，百姓效仿，相沿成俗，每年農曆六月初六就成了女兒回娘家的習俗了，也成了民間的一個節日了。可現在有好多人不知道農曆六月初六是節日，就更不

▼ 關東食韻　穆向陽　郭榮梅　楊曉薇

知道這一天是女兒回娘家的日子了。

東豐縣過六月六的習俗，最突出明顯的特徵就是在這天吃「玻璃葉餅」。所謂「玻璃葉餅」就是關東民間的一種風味小吃，但始於何年何代不得而知。傳說明朝末年名將袁崇煥鎮守山海關，士卒們大部分是江浙一帶人，吃不慣北方的粗糧，袁崇煥就命人到關外向關東人學粗糧細作，其中學做的一種小吃就是「玻璃葉餅」，很合將士們的口味。

何謂「玻璃葉」呢？其實就是大柞樹葉，不是那種小柞樹葉，這種葉子是一種落葉喬木的葉子，葉片呈嫩綠，呈倒卵圓形，葉片鈍尖，葉緣似波浪形狀，背面長著細細的茸毛，葉脈是突出的，這就讓做好的餅有葉脈的印痕。有的人說這個葉子原始是叫菠蘿葉的，因為滿族人的發音方式成了玻璃葉子。百度寫它是柞樹葉，柞樹屬於殼斗科櫟樹，它的果確有一層硬硬的殼。

它的特點是葉子並不是玻璃狀的，之所以叫玻璃葉餅是因為餅的麵皮呈現出透明的樣子，可以看清裡面的餡兒，所以叫玻璃葉餅。說到餡兒不得不提一句，餡兒這種東西是憑自己愛好進行製作的，在東北、遼北一帶的玻璃葉餅，

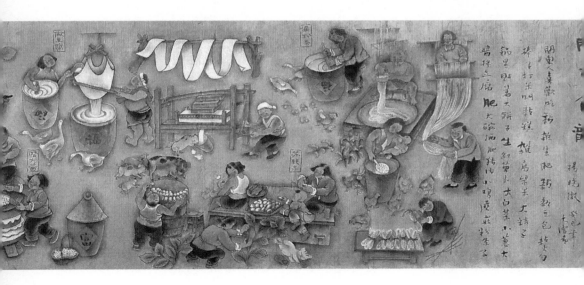

▲ 漫山遍野的玻璃葉子樹（柞樹）

只有一種餡兒是老少皆宜，最喜歡吃的，也是最好的最正宗的，那就是水芹菜餡兒。無論什麼餡兒都跟自己喜好有關了，總之好吃就行。

　　每逢這個季節，母親就會領著孩子到林中去採那種大柞樹葉，回來做玻璃葉餅吃。玻璃葉餅的做法是：先把苞米或高粱米磨成水麵子（那時只有這種粗糧），放在大盆中，盆上面鋪上一層雁布，雁布上放些乾草灰，以便吸水。光苞米麵或高粱米麵不好包，還要加些澱粉才行，這樣會使麵粉有筋道或黏性，現在家家幾乎都不用玉米麵或高粱米麵了，都改成大米麵或白麵了，省時省力，好看好吃又美味。苞米麵必須用開水燙一下兒，再加少許涼水調成稠糊狀就可以了。這是第一步驟。

　　接下來就是餡兒了。什麼餡兒都可以，好吃就行。東豐縣的做法是以正宗的水芹菜餡兒為主。水芹菜，傘形科，樣子長得像芹菜，更加細膩、飄逸，味道也是特別，喜歡芹菜味的人可能會更加喜歡，水芹菜味比芹菜要強烈得多，

稍有點辛辣味，少加些白菜或小白菜，做餡兒絕對是絕佳的上品了。

肉最好是梅花鹿肉，或豬肉後臀尖肉，五花肉剁成泥加薑末、五香粉、老抽上色、生抽調味、鹽、雞精、熟油，邊攪邊慢慢加入酌量清水，再把剁好的水芹菜放進去，沿一方攪上幾遍，菜餡和肉末混均勻即可。

▲ 漫山遍野的玻璃葉子樹（柞樹）

柞樹葉子洗淨，瀝一下水分，將麵糊用勺子或小鏟子抹（抿）到柞樹葉片上，把拌好的餡兒放入中間或一邊，合上葉子，用手一捏，麵糊自然黏合。最後將包好的玻璃葉餅排立在蒸鍋裡，蓋上鍋蓋開始蒸十八至二十分鐘，後燜五分鐘，即可。

出鍋了，食用的時候輕輕剝開葉子，就能看見透亮的麵餅上印著柞樹葉的葉脈，散發著那樹葉的清香，咬上一口，勁道十足，嚼一嚼，水芹菜與肉的香氣四溢口中。

每逢六月六，東豐縣城鄉家家戶戶都做玻璃葉餅，成為當地民間最為亮麗的一道文化美食風景。這一天，人們談論最多的話題也是，你家吃的玻璃葉餅是啥餡的，香嗎？

玻璃葉餅已成為東豐縣城鄉一種獨特的、有生命力的美食文化，如同民間剪紙藝術、農民畫一樣，也將會成為帶有東北濃郁特色的「非物質美食文化遺產」。

東豐《福祿壽祥圖》的來歷

乾隆十九年（1754 年）間，正是盛京圍場的鼎盛時期。那裡林莽蒼勁，水肥草嫩，花果滿山；梅花鹿也成群結隊。歷代皇帝曾到盛京圍場巡幸狩獵的神奇故事不勝枚舉，在京城裡傳得沸沸揚揚，聽得坐在金鑾殿上的乾隆皇帝耳根子直癢。

自從當上皇帝以來，乾隆遊遍了大江南北，留下了許多風流傳說，可就是對大關東瞭解甚少。關東是始祖努爾哈赤建立偉業的發祥之地，說什麼他也應該走一趟！主意拿定，便吩咐御林軍統領於世龍著手準備，不日啟程。

乾隆一行翻山越嶺來到了伏歷哈色欽圍（今東豐縣小四平鎮），時近初秋，放眼展望，見面前一座大山蜿蜒起伏，雲霞之間似五朵蓮花盛開在天際。他沒想到，大關東竟會有如此美景。頓時龍顏大悅，忙問於世龍：「我見此山似五朵盛開的蓮花，莫非就是傳說中的五朵蓮花山嗎？」於世龍應道：「正是。」乾隆又問：「山中可有梅花鹿？」於世龍說：「蓮花山上梅花鹿成群結隊。」「那還等什麼，上山！」乾隆皇帝顯得急不可耐，揚鞭躍馬率先沖上了

▲ 勤勞有餘福壽來　楊樹有

五朵蓮花山。到了半山腰，見一群梅花鹿光燦奪目，似流星一樣奔上山崖。乾隆皇帝緊追不捨，一會兒工夫群鹿便沒了蹤影；卻只見有一塊像聚寶盆一樣的岩石上站著一隻小梅花鹿。它豎著兩隻小耳朵，沐浴著霞光在向他昭示著什麼。大石頭的上方有一朵盛開的人蔘花姹紫嫣紅，鮮色怡人。乾隆皇帝看得入神，竟忘了拈弓射箭。他翻鞍下馬，一步一步地向前走去，正欲接近，不料，天空突降一朵祥雲，祥雲上載著一位鶴髮童顏的老翁，手擎龍頭枴杖，一對童男童女相伴，

漸漸飄落在小鹿的身旁。鶴髮童顏的老翁慈祥地注視著乾隆皇帝。這情景，乾隆皇帝似曾見過，卻又記不清在什麼地方，他努力搜索著記憶⋯⋯

忽然，一陣疾風掠過，天空陰霾滿天，經幾度電閃雷鳴後，傾盆大雨從天而降。待雨過天晴，乾隆皇帝舉目再望時，只見一朵祥雲升上了天空。乾隆皇帝清醒片刻，仰天長吁道：「五朵蓮花山，人間仙境處！」

回到行轅處，找來畫匠，根據乾隆皇帝的記憶，繪製了一幅圖畫。當乾隆皇帝觀賞這幅畫後，連聲稱道：「妙！妙！」原來，乾隆皇帝在五朵蓮花山所遇的情境，正是《福祿壽祥圖》。顯然，那駕雲而至，手擎龍頭枴杖，有童男童女相伴的老翁，就是民間傳說中的壽星老人。至於壽星老人為什麼會在此刻顯現，人們便不得而知了。但因「鹿」與「祿」的諧音相同之故，人們從此便認定梅花鹿是祥瑞之物。

當年的《福祿壽祥圖》早已散佚，留下的只是一段唱誦不衰的故事。東豐縣的民間藝人楊樹有，長年從事國畫、年畫創作。他根據這個故事，並結合現實生活的理解和認識，於一九九〇年創作了一幅新的《福祿壽祥圖》，原意是想詮釋這個歷史故事，但因出版社處於當時形勢的考慮，要求圖解當代意義，後在畫面上加了文字，並更名為《勤勞有餘》。

而乾隆與《福祿壽祥圖》的歷史傳說，則在東豐大地上成了一段美麗的佳話。

東豐地名由來

　　東豐建縣初期，人們命名地名時，大致有兩種考慮，一為實，一為虛。

　　實是指命名的客觀實體，諸如山川、河流、動植物等自然生態。人們所以指實體命名是為了便於識別和記憶。人們初來乍到，以當時的交通條件和地理條件而言，一個鮮明的標識物，對於人們自身往來和人員交往是十分必要的。人們或因山形而命名，或因河流的走向、清渾、長短而命名，或因某一植物集中生長於斯而命名，或因動物集中於此而命名，或因從事某一行業集中於一地而命名。綜上地名大致劃分為：以鹿命名的，如鹿圈溝、鹿圈山、趙家趟子、嚴家趟子、牛家趟子、高家趟子、楊家趟子（趟：動物出沒的地方。這裡指鹿趟。）；以山脈、河流命名的，如二龍山、影壁山、寶山屯、一面山、太平嶺、分水嶺、黃泥河、橫道河、太平川、小河子、半截河、頭道河子、柳河沿、樺樹河、繞盈河、孤山子等；以地形、地物和文化遺址命名的，如高麗

▲ 裕民村春來早　葛超

墓、槐巴信、倒扳掌、白碴
子、大廟頂、小廟頂、元寶
山、鋼叉廟、老營房、雙廟
子、鞍子山、連山堡、盤山
堡、摟脖溝、葫蘆溝、油瓶頂

▲ 向明村田園風光

子、馬屁股山、石碑嶺、半拉瓢、猴石等；以姓氏或原居地命名的，如呂大窩
鋪、張匡子、寇家溝、韓家溝、唐家藏子、杜家等；以居住條件命名的，如六
家子、六馬架、大草棚溝、小草棚子等；以動、植物命名的，如楊木林、蛤蟆
塘、馬拉草溝、高榆樹、荷花池子、仙人掌、蜜蜂槽子、白蒿溝、高粱子、寒
蔥頂子、雙鴨子、螞蟻、樺樹泊、梨樹園子等；以地理方位命名的，如小四
平、四合堡、西葦子溝、東葦子溝、前雙山子、後雙山子、上集場、前二十里
堡、西二十里堡、東二龍山、西二龍山、上孤山河、下孤山河；以數量詞開頭
的，如五道崗、二十方地、二道嶺、三道崗、三十里堡。

除此以外，由於建縣初期，生活在東豐一帶主要為滿族人，一些滿語地名

▲ 三合滿族朝鮮族鄉興太小康村民居

▲ 稻米之鄉豐源村　高春堂

沿襲下來，如那丹伯、色力河、大度川、拉拉河。

　　虛，則指人們對自己安身立命這方水土的某種期待。人們或剛從戰亂稍息的遼南，或從水災旱災輪替的山東、河南來到此地，他們無不把命運、家庭的幸福寄託於此，因此一些思安祈福，寄託人們某種感情的地名便出現了。諸如建縣初期的萬壽、太平、興隆、長發、來安、長安、平安、永安、安守、保

▲ 二道崗村秋色　石勝華

安、增福、長興等。以安字命名的十三處，其中平安四處，永安三處，以興隆命名的七處，以寶字命名的三處，如聚寶、望寶、寶山。在兩百四十八個地名中，僅「平」「安」「福」就有七十四個，占三分之一。這些命名無不反映先民們在飽受戰亂、災荒後對生活的渴求。另外，也反映先民們對人際關係崇尚的道德標準，如忠厚、忠心、忠仁、禮讓、至誠、景合、人合、息養、長善。

虛的另一種形式，是人們對祖籍的懷念。雖然他們不遠千里跋涉到此地，但人們那種對根的情結卻不能釋懷，所以才有遼陽街、熊岳溝等地名。

以文化遺址為名的如高麗墓、仙人堂、石廟子、毛庵溝、石碑嶺、老道溝、石頭廟。這些文物或文化景觀，表明人們對它的認可和某種程度的敬畏。這些地名充分表明先民們對事物的探索和給自己找一個精神寄託。

隨著政治經濟文化的發展，社會不斷進步，人們對地名的認識，都有不少變化，除仍然保持先民的「平」「安」「福」「哈」「興」等小農經濟時代關係個人安危的習俗，還昇華到與國家、民族同命運的高度。僅以一九八五年為例，新湧現出的地名，表明東豐人文化層次的提高，反映東豐人國家意識的覺醒，如集體、和平、新華、富民、五星紅、愛國、愛民、紅星、團結。隨之而來的是新詞彙融入地名中，如曙光、前進、金星、高產、高龍、裕民、鋼鐵、增產、勤儉、豐源、友好，這些詞表明人們從狹隘的個人平安之中走出來，視野和胸襟已面向社會，這種變化是時代使然，也是人們精神世界的潛移默化的飛躍。所以，地名既屬社會學，也屬民俗學，更屬經濟地理學範疇，宜深入研究。

隨著人口增多，墾地日廣，新居民點的集結，一些新的地名在保持原有傳統外，又無不極具時代特色，這是時代政治經濟的折射，是人們對現實生活與社會的重新判定和企盼。這些新地名中的感情色彩、思想色彩更加明顯，它擺脫了建治初期個人安福的侷限，把安福的祈願聯結在國家民族的興盛年豐上，諸如新中國成立、愛國、愛民、團結、得勝、久勝等。新意識、新思想的融入，也表明人們的鄉土觀與祖國的命運緊密地連繫在一起。

四月十八逛廟會

廟會，顧名思義是在寺廟的節日或規定的日期舉行的活動，多設在廟內或附近，故名。每年農曆四月十八廟會是起源於道教的活動，經過數百年的發展，現已成為有廟必有廟會的佛道混雜的形式了。

位於東豐縣城南邊的觀音寺，農曆四月十八早晨三四點鐘，居住在縣城裡的人們起大早便來到廟前面的廣場上，而居住在偏遠農村的人，前一天晚上就到了，在此處搭個地鋪或披一件棉大衣睡一宿，天快亮時起來買好香在廟門前等候。約五點鐘廟門一開，人們蜂擁而入，都搶先將香插在大殿前的香爐裡。據說第一個將香插入香爐的人最能得到佛菩薩及諸神的保佑，會事事吉祥如意，此稱為「搶頭香」。搶頭香之後，廟內的其他宗教活動也全面展開。

農曆四月十八這天參加廟會的香客、遊客多達數萬，這些人無論是否信奉

▲ 廟會場景

宗教，也都帶著香、鮮花、饅頭、各種水果等物品，供奉於佛菩薩及諸神像前，然後就燒香、磕頭、許願求取平安吉祥。

而此時廟門前的廣場上，天一亮小商販們就擺好了地攤。炸麻花、油條、油餅、油

▲ 廟會當晚夜景

炸糕等邊做邊賣。餛飩、冷麵、燒烤等小吃也是應有盡有。玉的、瑪瑙的小宗教用品如念珠、護身符等，琳瑯滿目。水果、蔬菜多種多樣。最為奇妙的是水果攤上還有被稱之為「吉祥果」的蘋果。這些蘋果看似和普通蘋果沒啥兩樣，細觀察上面竟有「福」「壽」等字樣，似乎是天然形成的，給人以神祕之感。其實它並不神祕。這種蘋果的做法就是在其成熟之前，將剪好的「福」「壽」字樣貼在朝陽的一面，待蘋果成熟變紅，摘下來以後將上面貼的字揭去，青色的「福」「壽」字樣就顯現出來，再洗乾淨便可上市了。據說這些「吉祥果」的價錢可賣到普通蘋果的四五倍。即使這樣，逛廟會的人們也爭相購買，或供奉於菩薩像前，或拿回家去當作觀賞品。

▲ 蠶花廟會（東豐農民畫）楊子奇

在廟會上還有一些身懷絕技的藝人，他們的技藝看似簡單，卻又都是「拿手絕活」。如一筆畫，若有人對其技藝感興趣，花上十元錢，無論或站或臥、或蹲或坐，藝人們都會用毛筆蘸好墨汁在紙上將其身姿一筆畫出。若請他們

寫十二生肖書法，則十二個字不僅是一筆寫出，同時還將這些動物的形態勾畫出來。字是一幅畫，畫是一個字，惟妙惟肖。有這樣一個老藝人，有人請他寫「江山如此多嬌」的詩句，其人僅寥寥數筆，用這六個字組成的一幅山水畫便躍然紙上，令人拍手稱奇。也有剪影藝人，只要花一兩塊錢，便能將你的側影頭像剪出，髮型、鼻子、嘴等輪廓清晰，形象逼真。還有吹糖人兒的藝人，也是根據顧客的要求製作出各種形象的糖人，活靈活現，好看又可吃。其他還有武術、雜技、耍猴等藝人也在此獻藝表演。甚至寺廟還從外地請來二人轉戲班子，在廟門前搭台演出。所唱的曲目有很多，如《楊八姐遊春》《大西廂》《樓台會》《水漫藍橋》等。

廟會，是我國特有的民間傳統風俗，其形成與宗教密切相關。在東豐縣，現已發展成為集宗教活動、商品貿易、文化交流於一體的盛大傳統民俗活動，更是促進地方經濟全面發展必不可少的途徑之一。

養鹿官的由來

慈禧到了晚年，派人到處尋找仙丹妙藥，想要長生不老。

每年秋天，正是各地向朝廷繳納貢品的時候，慈禧命宮廷主管太監李蓮英查看關東老家來的特產。不一會兒，李蓮英笑容滿面地回來了。他雙膝跪倒，說：「啟稟老佛爺，今年關東送的貢品可不少哇！上好的人蔘都是七品葉、八品葉；紫貂毛茸茸的泛著亮光；山楂紅的像瑪瑙；榛子大得像龍眼；軟棗甜又麵，還有祭祀用的松子兒、年息香……」

「有梅花鹿和鹿茸嗎？」慈禧著急地問。

「沒……」李蓮英看了一眼慈禧，忙又低下頭說：「沒看見哪。」

「嗯？」慈禧拉長了臉，「我喝的鹿茸血、吃的鹿茸片早就斷捻了，你不知道嗎？」

「知道。知道。」李蓮英連聲說，「老佛爺的事兒，奴才哪能不上心啊，可是聽盛京將軍增祺說，長白山餘脈哈達嶺下的獵戶連年捕鹿進貢，梅花鹿越來越少了，很難再捕到了，所以……」

「所以什麼？」慈禧動了肝火，「速傳聖旨，命獵戶在一個月之內，送進宮裡一頭活鹿，逾期不交，格殺勿論！」

「喳！」李蓮英答應著退了出去。

再說，聖旨降到長白山餘脈的哈達嶺一帶，可忙壞了獵戶們。他們碼著塔頭甸子，尋找梅花鹿的足跡，在小溪旁挖好陷阱，上麵攤好樹枝和草皮，不露一點兒蛛絲馬跡。把哨子放在嘴裡模仿母鹿發出的「呦——呦——」叫聲，把公鹿引出來。然後，帶上獵狗，拉網似的圍上來，一直把鹿趕進陷阱。可惜，費了九牛二虎的力氣，只「窘」到了一頭大公鹿，跌進陷阱時腿還摔瘸了。獵人一個個嚇得蛤蚧眼睛——長長了，讓誰進京送鹿誰也不敢去。最後，他們想出一個高招——抓鬮吧。當時，有一個叫趙振山的青年獵手抓到了送鹿的鬮。

▲ 鹿韃官　趙允吉

▲ 鹿韃官　趙振山

夜裡，他躺在自家馬架子裡的土炕上怎麼也睡不著，想著進京的事兒。突然，他眼睛一亮，一虎身爬起來，帶著弓箭，連夜上長白山了。第二天傍晚，他才回來，採來一棵紅褐色的靈芝草。

獵戶們把瘸鹿裝進木籠子，抬上花軲轆馬車，打點趙振山上路了。

趙振山馬不停蹄，風餐露宿，一口氣趕到京城，在前門外珠市口找了個小旅店住下了。然後，他帶著靈芝草來到了皇宮內務府，遞上銷包，掌門太監才把他帶到李蓮英那兒。趙振山遞上靈芝草，說：「這靈芝草是鹿嘴裡叼來的，能治百病。」

李蓮英一聽，十分高興，覺得這是討老佛爺歡心的好機會，忙問：「鹿呢？」

「在客店。只是鹿採這草時把腿摔瘸了。」

「好。」李蓮英還哪管梅花鹿瘸不瘸了，他站起來，一甩馬蹄袖，拿著靈

芝草，樂顛顛地大步流星來到養心殿，叩見慈禧：「老佛爺，關東老家送鹿的來了。」

慈禧微閉的雙眼睜開了。

李蓮英雙手把靈芝草舉過頭頂，說：「您看這長白山的靈芝草。」他裝作很內行地說，「這叫鹿啣草，又叫還陽草，是鹿叼來給鹿治病的……」

慈禧的眼睛一點兒一點兒瞪大了，瞅著油汪汪泛光的靈芝草，說：「呈上來。」

李蓮英跪行向前，把靈芝草遞給慈禧，笑嘻嘻地說：「把靈芝草泡在酒裡，再摻點兒鹿茸血，可以大補元氣呀。老佛爺，您喝了能長生不老，玉顏永存，萬壽無疆啊！」

慈禧看著靈芝草，聽著順耳的奉承話，樂得臉上的皺紋都舒展了，滿身溢著喜氣，說：「傳旨，讓送鹿的進宮。」

「嘛！」一轉眼的工夫，李蓮英把趙振山帶來了。

慈禧定睛一瞧：小夥子長得英俊，虎虎有神的大眼睛透著靈氣。她又是一

▲ 皇帝敕封趙家的鹿蹕官服、虎頭牌、黃馬褂

喜，說：「李蓮英，傳旨：讓吏部給他一個六品官，再給他一個虎頭牌，從今以後，長白山餘脈大肚川（今東豐縣）一帶的獵戶由他管轄，年年貢鹿，歲歲獻靈芝草……」

趙振山穿上黃馬褂，戴著頂戴花翎，返回故鄉。從此，他把獵戶捕到的梅花鹿都圈養起來，繁殖馴化，成為慈禧太后的養鹿官。

鹿趟

　　光緒四年（1878年），慈禧太后在大肚川（今東豐縣）設「鹿趟」。

　　為啥慈禧太后要在大肚川設「鹿趟」呢？相傳，有一年秋天，慈禧太后的胞妹婉貞帶領皇親國戚到盛京圍場狩獵，尋歡作樂。當人馬來到大肚川時，婉貞勒住馬韁繩，下馬走到小梅河邊，捧起一捧清亮亮的河水，吮到嘴裡甜絲絲的，連聲讚歎：「這水真美！」隨後，她帶人登上冰砬山，看見山楂樹上的山楂像一顆顆紅瑪瑙，鴨梨黃橙橙的，山葡萄真像用水晶和玉石雕刻出來的一樣。婉貞迷戀關東老家的水光山色，一連數天就在大肚川狩獵打圍。婉貞身穿戎裝，肩披大紅斗篷，躍馬揚鞭，挽起寶雕弓，一隻隻梅花鹿便被射倒在她的雕翎箭下。等到她下山時，各種車輛已經裝滿梅花鹿和山珍野獸。他們驅車返回京城。

　　婉貞帶著大肚川的山珍和梅花鹿來到皇宮的養心殿，拜見慈禧太后。她把大肚川的風景如何優美，山花、野果、梅花鹿如何繁多，繪聲繪色地講了一遍。慈禧聽了，眼睛一閃，嘴角掛上一絲淡淡的笑，說：「我要活鹿！」婉貞趕忙說：「大肚川獵人會用陷阱『窨鹿』，捕到的都是活的。」

　　「嗯。」慈禧微微一點頭，對身邊的總管太監李蓮英說：「傳奕訢！速到

▲ 大肚川「鹿趟」遺址一角

關東大肚川勘察捕鹿事宜！」

於是，恭親王率領八旗兵浩浩蕩蕩來到大肚川，經過實地勘察，見「鹿窖」已有九百處。他回到皇宮把所見所聞跟慈禧太后一講，慈禧對奕訢說：「你速回大肚川，組建『鹿趟』，我每年要二十隻活鹿，吃肉，喝血，熬鹿茸汁！」至此，大肚川就建起了「鹿趟」。

脂粉地

▲ 昔日脂粉地　今朝花兒香

據說清末，慈禧太后在關東橫道河子設了「脂粉地」。慈禧為什麼要找東豐縣橫道河子鎮設立「脂粉地」呢？這裡還有一段傳說呢！

相傳有一年秋天，慈禧太后的胞妹帶領皇親貴戚到關外大肚川圍場狩獵。當人馬來到年木州時，只見風景如畫。慈禧胞妹不由得勒住韁繩，飛身下馬，帶人登上像烈馬奔跑的「馬蹄背山」，爬上有五個台階的「五台山」，攀上長滿樹木的「城子山」。這一帶，漫山遍野山花鮮豔，草藥茂密，散發出一股股難以說清楚的香味。慈禧胞妹一連好多天，就在這年木州狩獵打圍。採野果，挖掘中藥材，摘取鮮花……到她下山時，車上都裝滿了山珍異獸、奇花藥草，然後她們驅車返回京城。

慈禧胞妹來到皇宮，拜見慈禧太后，把大肚川圍場繪聲繪色地講了一番。慈禧聽了一笑。她照照鏡子，覺得應該玉膚常嫩，便對妹妹說：「宮中製作脂粉、香皂，尚缺上好的原料，你說關東家年木州的藥草奇珍，花香撲鼻，何不把那裡闢為咱姐妹的脂粉地？」慈禧的妹妹拍手附和。

於是，慈禧太后傳下聖旨，在大肚川建「脂粉地」，強差民夫民女，為皇家採集香藥花瓣進貢宮廷。

笑題「萬壽堂」

民國頭些年。盛夏的一天，奉天省督軍兼省長張作霖帶領張學良微服私訪，兩人坐在一輛棗梨木玻璃馬車裡，有兩排騎兵衛隊簇擁著沿著古「貢鹿道」在險峻的冰砬山裡鑽進鑽出，向大肚川伏力哈色欽（今東豐縣小四平鎮）清朝皇家鹿苑奔去。

話說張作霖把皇家鹿苑收為奉天督軍府管轄之後，原鹿 官趙振山每年白露節後，要向督軍府進貢鹿茸、鹿鞭、鹿尾、鹿心、鹿肉等鹿產品。

張作霖對梅花鹿茸角一年割一茬，第二年又長出新茸，感覺很神祕。他把一架三杈砍頭茸擺放在大青樓老虎廳裡，一有閒空就用手摸摸，仔細瞧上兩眼。

這年端午節剛過，趙振山準備在鹿苑建立一個藥店作坊，前店後廠加工，銷售中成藥鹿胎丸、參茸丸。試生產前夕，他發出請柬，邀請富豪鄉紳、達官顯貴前來慶賀。張作霖接到請柬後，立即帶領張學良和侍衛長張占魁趕來了。

張作霖和張學良一下馬車，就被皇家鹿苑的風光迷住了。只見群山巔連疊翠，河水九曲十環，鹿鳴悠揚。皇家鹿苑座座建築古樸典雅，翹角飛簷，雕梁畫棟，黃綠琉璃瓦在陽光下熠熠生輝。前來迎接的有趙振山、東豐知事（縣長）邢麟章等。趙振山率眾施禮，說：「大帥和少帥駕到，有失遠迎，萬

▲ 小四平鎮萬壽堂藥店遺址照片

望……」

「×了巴子的，別客套了！」張作霖手一拱，算是還禮，「鹿韃官，麻溜領我去看看梅花鹿。」

「好，好！」趙振山滿口答應。邢麟章滿臉堆笑地說：「督軍，您旅途勞頓，還是先到客廳休息片刻。然後，再去看……」

張作霖挽起藏青色長袖衫子，把黑色禮帽遞給張占魁，一拍胸脯：「俺這不是蠻精神的嘛，不用歇乏啦，走吧！」

張作霖等人從鹿圈回來，來到藥店，看見「洋門臉兒」雕花綴紅，塗粉彩繪，簷牙飛翹，小黑瓦排列齊整。張作霖就對趙振山說：「鹿官，藥店『洋門臉兒』為啥不懸掛匾額？」

「大帥。」趙振山謙恭地說，「這匾額已經做好了，只是沒有刻字，請大帥留下墨寶。」張作霖用手撓著稀疏焦黃的頭髮，哈哈笑著說：「俺是個粗人，能寫出啥好字！」

「大帥寫匾文有紀念意義！」「大帥給鹿苑留點兒墨寶吧！」眾人笑著，喊著，一片喧嘩。

「好吧，我就露一手！」張作霖挽起袖子，把宣紙鋪在黑色的條案上，提起狼毫毛筆飽蘸香墨，瀟瀟灑灑地寫下了三個大字：「萬壽堂」。

張學良也龍飛鳳舞地寫下了一副對聯：

細考鹿茸如林皆雋品，
品嚐地精似人亦奇珍。

（註：地精指的是人蔘）

吉林文庫 A0703A29

文化吉林：東豐縣卷　下冊

主　　編	莊　嚴
版權策畫	李　鋒
責任編輯	林以邠
發 行 人	陳滿銘
總 經 理	梁錦興
總 編 輯	陳滿銘
副總編輯	張晏瑞
編 輯 所	萬卷樓圖書股份有限公司
排　　版	菩薩蠻數位文化有限公司
印　　刷	維中科技有限公司
封面設計	菩薩蠻數位文化有限公司

出　　版　昌明文化有限公司
桃園市龜山區中原街 32 號
電話　(02)23216565

發　　行　萬卷樓圖書股份有限公司
臺北市羅斯福路二段 41 號 6 樓之 3
電話　(02)23216565
傳真　(02)23218698
電郵　SERVICE@WANJUAN.COM.TW
大陸經銷　廈門外圖臺灣書店有限公司
　　電郵　JKB188@188.COM

ISBN 978-986-496-288-4
2018 年 1 月初版
定價：新臺幣 280 元

如何購買本書：

1. 轉帳購書，請透過以下帳戶
   合作金庫銀行　古亭分行
   戶名：萬卷樓圖書股份有限公司
   帳號：0877717092596
2. 網路購書，請透過萬卷樓網站
   網址　WWW.WANJUAN.COM.TW

大量購書，請直接聯繫我們，將有專人為您
服務。客服：(02)23216565　分機 610

如有缺頁、破損或裝訂錯誤，請寄回更換
版權所有·翻印必究
Copyright©2016 by WanJuanLou Books CO., Ltd.
All Right Reserved　　　　**Printed in Taiwan**

國家圖書館出版品預行編目資料

文化吉林. 東豐縣卷 / 莊嚴主編. -- 初版. --
桃園市：昌明文化出版；臺北市：萬卷樓
發行, 2018.01
　冊；　公分
ISBN 978-986-496-288-4 (下冊 ： 平裝)
1.文化史　2.人文地理　3.吉林省
674.2408　　　　　　　　　107002189